いじめを本気でなくすには

NPO法人ユース・ガーディアン代表理事
T.I.U.総合探偵社代表

阿部泰尚

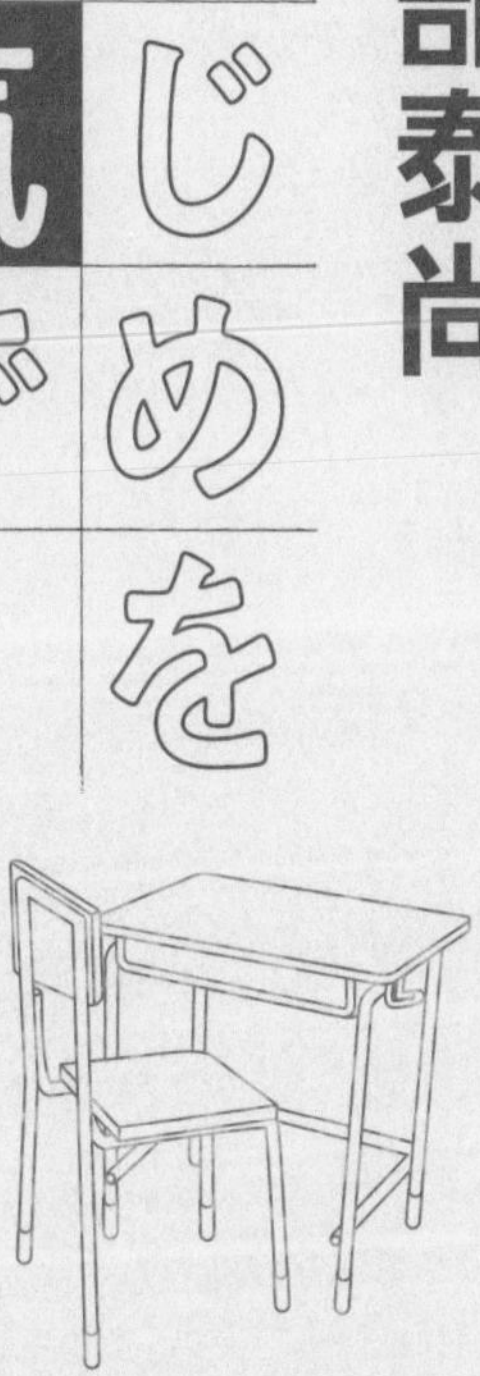

角川書店

いじめを本気でなくすには

はじめに

いじめ探偵と聞いて、どんな印象を持つだろう。学校の問題になぜ探偵が介入できるのか、探偵なんて胡散《うさん》くさい、いったいどんな人が依頼するのか――多くの方が持つ印象はこういった感じだろうか。

もちろん、学校に第三者である探偵が許可なく入ることはできない。多くはいじめの被害生徒の親から依頼を受け、調査を行う。事情を話しても、教員たちはあからさまに嫌な顔をするし、塩をまかれたこともある。地方の調査では拉致《らち》されたこともあるし、その地に行っただけで警察に尾行され、何もしていないのに手錠をかけられたこともある。

そこまでしてなぜ探偵が学校の問題に関わるのか。

私は、2004年からいじめの実態調査にあたり、これまでに実態調査を400件超行い、6000人以上から相談を受けている。さまざまなケースの解決に携わってきており、この分野の調査にかけてはパイオニアであると自負している。

なぜ私のところに相談してくるのかといえば、生徒がいじめ被害を訴えても学校は動かず、教育委員会は隠蔽《いんぺい》するからである。保護者にとってみれば、わが子が命の危機に瀕《ひん》しており、何とかしたいと私のところに連絡してくる。

学校はいじめがあることがわかったとき、通常であれば、担任や学校長がきちんと対処する。加害者を特定して指導する。場合によっては加害生徒の親に事実を伝える。親は驚きながらも自分の子どもの非を認め、子どもを本気で叱る。反省した加害生徒は親とともに被害児童に詫《わ》びる。それ以後も、学校、親ともに適切に指導を行えば、いじめは解消する。

ところがそうではないケースが多い。私のところまで来るような場合は相当深刻になっている。

学校はいじめが起きているという事実をまず認めない。一般的な言い分はこうだ。

「うちの学校でそんなことが起こるはずはない」

「いざこざであり、いじめの事実が確認できなかった」

「そこまでいうなら証拠を出すように」

被害生徒の親は証拠をそろえようとするが、知識も技術もない。本来であれば学校側が対処すべきことだ。その間も何度も学校に訴えるが、事態は変わらないどころか悪化していく。

そんなときに依頼を受け、出張っていくのがいじめ探偵だ。被害生徒に詳しく聞き取りをし、協力してくれる友人をみきわめ、また聞き取りをする。学校と保護者の話し合いに同席し、助言する。カメラやレコーダーなど技術的な手段も導入する。

しっかりといじめの証拠をそろえ、加害生徒を特定すると、学校側も認めざるを得なくなる。この段階になってやっと対策がスタートする。

つまり、学校や教育委員会がきちんと仕事をしてくれるなら、私の出番などないはずだ。にもかかわらず、受件数は減るどころか増える一方である。


16年前、「うちの娘が不良になった原因を探ってほしい」と電話してきた一人の男性の依頼から、すべては始まった。この当時はまだ、探偵業者の調査項目のなかに「いじめ」はなかった。主に請け負っていたのは家出人の捜索や浮気調査、詐欺被害の調査などだった。

最初は依頼に戸惑った。少年少女に対して探偵行為を行うことに違和感を覚えたのだ。しかし、すぐに考えは変わった。調査を進めるうちに、被害を受けている少女が、「いじめ」という言葉の軽さとは程遠い、犯罪行為に直面していることがわかったからだ。

私は、自分の持っている技術を駆使して調査を進め、一種の密室状態であるがゆえに証明が困難であった「学校内でのいじめ」の実態を明らかにし、問題を解決に導く端緒を作った。

そうこうしているうちに、いじめ以外にも発生する子どもたちの諸問題に携わることが増え、いじめや犯罪被害者のケアや啓発予防教育に無償で取り組むNPO法人ユース・ガーディアンを有志とともに立ち上げた。いじめの調査はNPOとして、寄付を原資にすべて無償で行っている。藁《わら》にもすがる思いでいる子どもたちが、調査料で二の足を踏んでほしくないからだ。

現代の子どもたちが晒《さら》されている危険はいじめだけではない。近親者による児童虐待もあれば、ＪＫビジネスのような子どもを喰《く》いものにして稼ぐ輩《やから》もいる。このような被害にあっている子どもの救済や非行グループからの脱退支援もライフワークとして行っている。

もちろん、生活の糧は得ないといけないので、家出人捜索やストーカー被害の調査などの一般的な探偵業務を、こちらは当然ながら有償で行っているが、世間的にはすっかり「いじめ探偵」として認識されるようになった。書籍を刊行したり、ＮＨＫや全国紙でも特集されたりした。教育業界の専門紙でコラムを連載していたこともある。

だが有名になったところで、私は少しもうれしくない。むしろやればやるほど減るどころか増える一方の相談に憂鬱《ゆううつ》さを覚えることもある。

いじめが社会問題となり、法律も整備された。にもかかわらず、子どもたちを取り巻く環境は改善の兆しがない。むしろ悪化しているのではないかとさえ思える。特に、ＳＮＳやインターネットの登場で、いじめは一気に悪質化し、深く潜り込むようになった。

現代社会で大人が感じている息苦しさ、生きづらさは、子どもたちの世界においても猛威を振るっている。子どもだからこそ、さらに強いダメージを受けてしまっている。このままでは、本当に子どもたちがあぶない。

私がボランティアで積極的に子どもの問題に取り組むのは、そんな危機感があるからだ。

今この本に目を通そうとしてくれているあなたは、いじめ問題について何らかの関心をお持ちだと思う。

自分が過去にいじめを受けた、あるいは現在進行形で受けている。わが子がいじめの被害者になった、あるいは加害者になった。教師をしているが、いじめ対策に困っている。いじめのニュースを見るたびに心を痛めている――。

最初から結論めいたことを記すなら、いじめは子どもの問題ではない。大人の社会の問題だ。だから、もしあなたに子どもがいないとしても、傍観者ではいられない。いじめは大人の社会の問題を映し出している。

だからあなたにも考えてほしい。いじめを本気でなくすために私たちに何ができるのかを。

本書はいじめの現場を見てきた私が、そのことを真剣に考えたものだ。

いじめを本気でなくすには　目次

第三章 学校の機能不全はなぜ起こるのか 67

第一章　低年齢化し、過激化するいじめ

探偵の仕事

最初に私が関わった事例を紹介してみたい。「いじめを探偵が調査する」とはどういうことかも知っていただけると思う。

千葉県の公立中学校で起きた事案だ。

「Twitter上に「〇〇学校あるある」という学校でよくある現象やローカルルールなどをつぶやくbotがあった。このアカウントができた当初は、さして問題のないつぶやきが繰り返されていたが、突然、部活や教員の悪口、生徒への過剰な誹謗《ひぼう》中傷を繰り返すようになった。

多くの生徒がこのアカウントをフォローしていたため、生徒間では犯人探しが始まっていた。実際に数人の生徒の名前が挙がるなかで、「犯人はAだ」という噂が流れ、何の関係もなかった中学1年生の女子生徒のAさんが一晩にして犯人に仕立て上げられてしまった。

Aさんはそのことを知らずに登校した。すると、突然先輩に呼び出されて締め上げられた。まったく身に覚えがないことであり、必死に否定したのだが信じてもらえず、それどころかすぐに次の先輩集団に呼び出しをくらった。そこには乱暴な男子生徒もおり、殴られそうになったり、洋服を引っ張られたりもした。

Aさんは中学1年生といっても身体は小さめで、気の弱い性格だったこともあり、身に危害がおよぶ恐怖の前に言葉が出なかった。学校中のだれもが彼女に非難を向けている状態で、無理に自白させようとしてきているのは明らかであった。

「このままでは殺される」と思うほどの恐怖を感じ、Aさんはお昼前に学校を途中で抜け出し、自宅に逃げ込んだ。

それから3日後、保護者から私のところに相談があった。面談をした際、Aさんはすでに心因性の視力低下がある状況だった。スマートフォンを目に異常に近づけて見ていたので驚いた。

この調査では、まず彼女がこのTwitterをやっていないことを証明する必要がある。やっていない証拠集めは「悪魔の証明」といわれ、不可能であると考えるのが一般的かもしれない。

しかし、依頼までの期間が短かったことから、私は調査に着手した。すぐにインターネット接続に利用している通信機器からすべてのログを取り出した。一方で、問題となったツイッターアカウントの投稿時間などと照合し、一致していないことなどを調べ、レポートにしていった。

結果、被害者が使っていたスマートフォンや自宅では自動接続となる家庭用通信機器からはゲーム機も含め、「〇〇学校あるある」のTwitterアカウントに接続していないことがわかった。

私はこのレポートを報告書にして、すぐに保護者と学校へ向かった。学校側はそれまで、噂を信じ込み、AさんがTwitterで誹謗中傷を繰り返していたという前提で話を進めてきていた。

学校側は「Twitterはよくわからないので……」という反応だったが、噂はまったく事実に反するということを根気強く説明した。

とんでもない冤罪《えんざい》によってAさんがいじめの対象となってしまったことや、学校側がきちんと調べず、それを止めなかったという事実を突き付けられ、学校側もやっとことの重大さを認識した。

もちろん、そうした点はすぐに対応してもらわなければならないが、それよりも重要なのは、被害者の名誉回復を図ることだ。だから私は学校側に、学校の中で中心的な生徒を個別に呼んで、Aさんは冤罪であったことを説明してほしいと話した。全体に向けて「Aさんは冤罪でした」と話しても、素直に聞く生徒ばかりではない。影響力が大きい生徒にきちんと理解してもらう方が効果的だと考えたのだ。学校側は納得し、すぐに取り組むと約束した。

その当日から、Aさんの家には、元々の友人やクラスメイト、呼び出しをした先輩らが直接謝りにきたり、謝罪の手紙を投函するという出来事が続いた。

しばらくしてから、私がAさん宅を訪問したとき、Aさんの表情はだいぶ明るくなっていた。直接の謝罪や手紙を読んで、学校に行っても安全だと思えたようであった。一部の教員が謝罪のために訪問し、安全に学校生活が送れるように全力で守ると約束してくれたことも効果があったようだった。

私が訪問した理由は、こうした経過を聞くためでもあったが、こちらからも報告があった。それは、このTwitterアカウントを使っていた人物が特定できたことだ。

私は謝罪にきた生徒やその保護者の連絡先を、許可を得て教えてもらっていた。その友人たちに協力をしてもらい、なぜＡさんが誹謗中傷の犯人にされたのかを調べていたのだ。

Ａさんが犯人だという噂は確かに流れていた。それをだれから聞いたのかをたどりながら、ＬＩＮＥやＴwitter のダイレクトメッセージなどのやりとりを提供してもらった。さまざまなデータが集まる中で、Ａさんが犯人だという噂を流した生徒がわかってきた。彼女たちは、Ａさんの前に疑われていた３人のクラスメイトだった。

私は３人の周辺を調べ、もっとも与《くみ》しやすそうな一人に調査協力を依頼した。当初は協力を拒否していたが、情報提供をしてくれていた別の生徒や保護者が協力してくれたことで、最終的に引き受けてくれた。私は重要な証言とともに、自白的内容がある３人のＬＩＮＥグループのやりとりも入手した。

この３人は小学校も塾も一緒で、比較的あか抜けた感じのグループだったが、若者特有の生きづらさや家庭環境の悩みなど、ストレスを日々溜めていた。

そこで、遊び気分でＴwitter 上に「〇〇学校あるある」を立ち上げて、ウケるエピソードを流していた。しかし、それではあきたらなくなってきて、特徴のある動きをする教員や、厳しい先輩の悪口を書いた。すると、リアルの世界で、そのターゲットがイライラしていたり、周囲が笑ってからかったりするようになった。

それを面白いと思ったのか、３人は次々と誹謗中傷を繰り返したのだ。気がついたときには、すでに犯人探しが始まり、自分たちの名前が挙がるようになってきてしまった。

そのためクラスでもっとも大人しく、身体も小さくて自信もなさそうなAさんを選び、「犯人はあいつだった」と根も葉もない噂を流したのだ。

私はこの報告を被害者家族に行い、翌日、学校の生活指導担当にどうするかを委ね、本件は終了となった。

増加するいじめ件数、一方ゼロの学校も

次に簡単に現在のいじめの発生状況を確認しておきたい。

2019年の文部科学省の発表によれば、全国の小中高校で2018年度に認知されたいじめは54万3933件で、過去最多の件数となった（表1）。13年にできたいじめ防止対策推進法でいじめの定義を明確にしたことにより、増加したものと考えられている。内訳は、小学校42万5844件、中学校9万7704件、高校1万7709件、特別支援学校2676件。年度の推移を見れば、小学校の急増が目を引く。

54万件超のなかで命の危険や心身の不調、不登校につながったなどと考えられる「重大事態」は、602件あった。こちらも過去最多だ。

年間欠席日数が30日以上の不登校の小中学生は、16万4528人で、6年連続で増加した（表2）。いじめ被害者の7割が不登校になったと報告されており、非常に深刻だ。

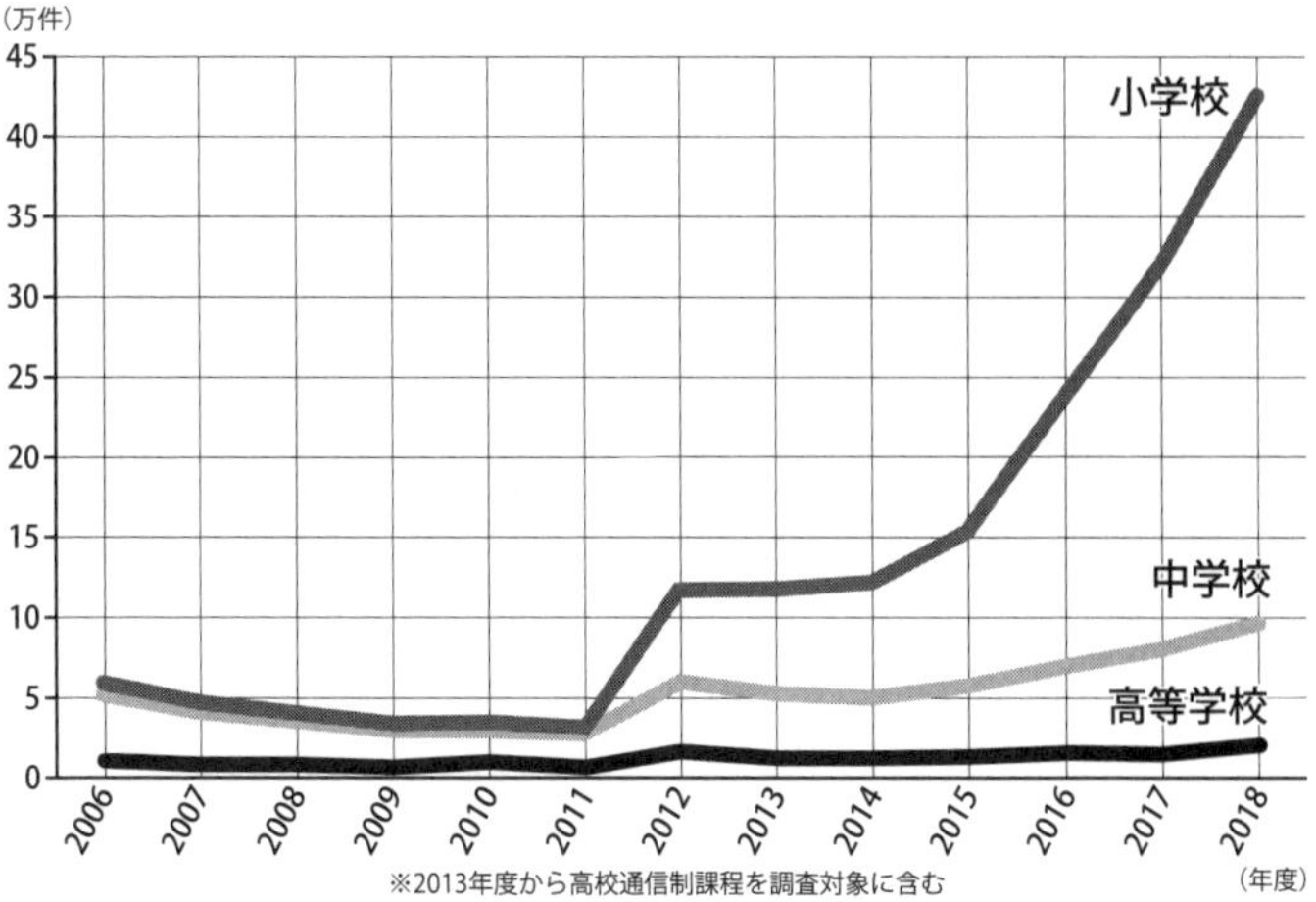

表1　いじめの認知件数（文部科学省「平成30年度児童生徒の問題行動・不登校等生徒指導上の諸課題に関する調査結果について」をもとに作成）

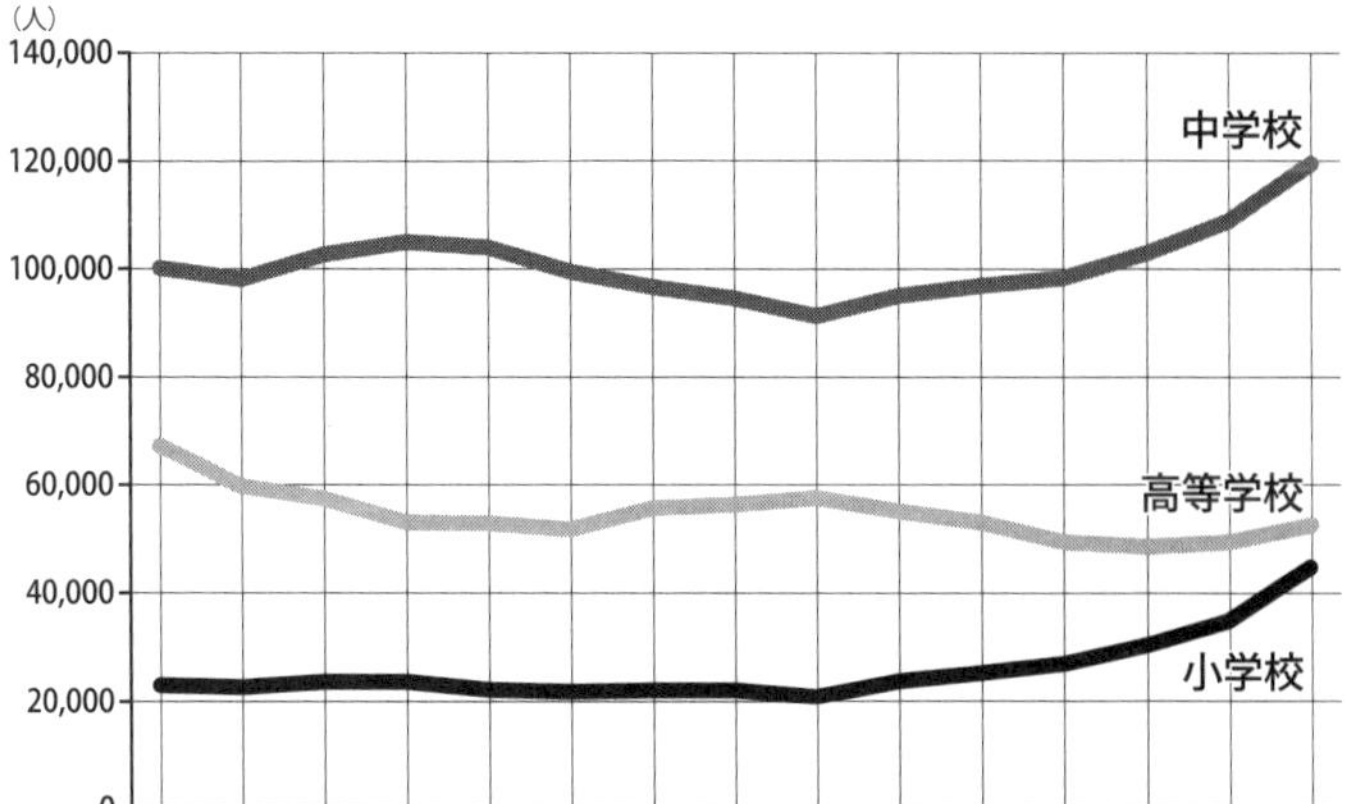

表2　小中学校における不登校の児童生徒数（表1と同じ資料をもとに作成）

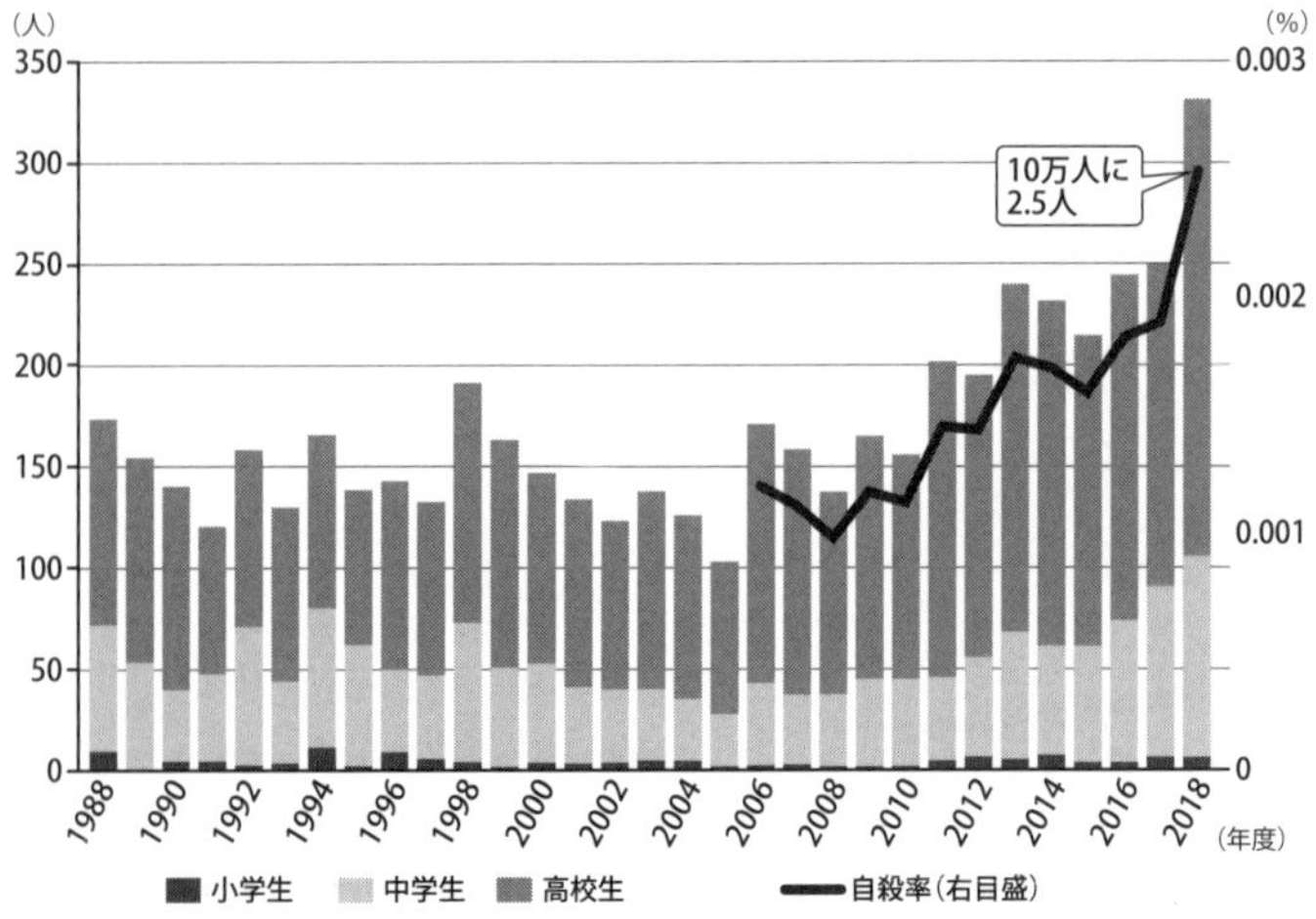

表3　児童・生徒の自殺数の推移（ニッポンドットコムをもとに作成）

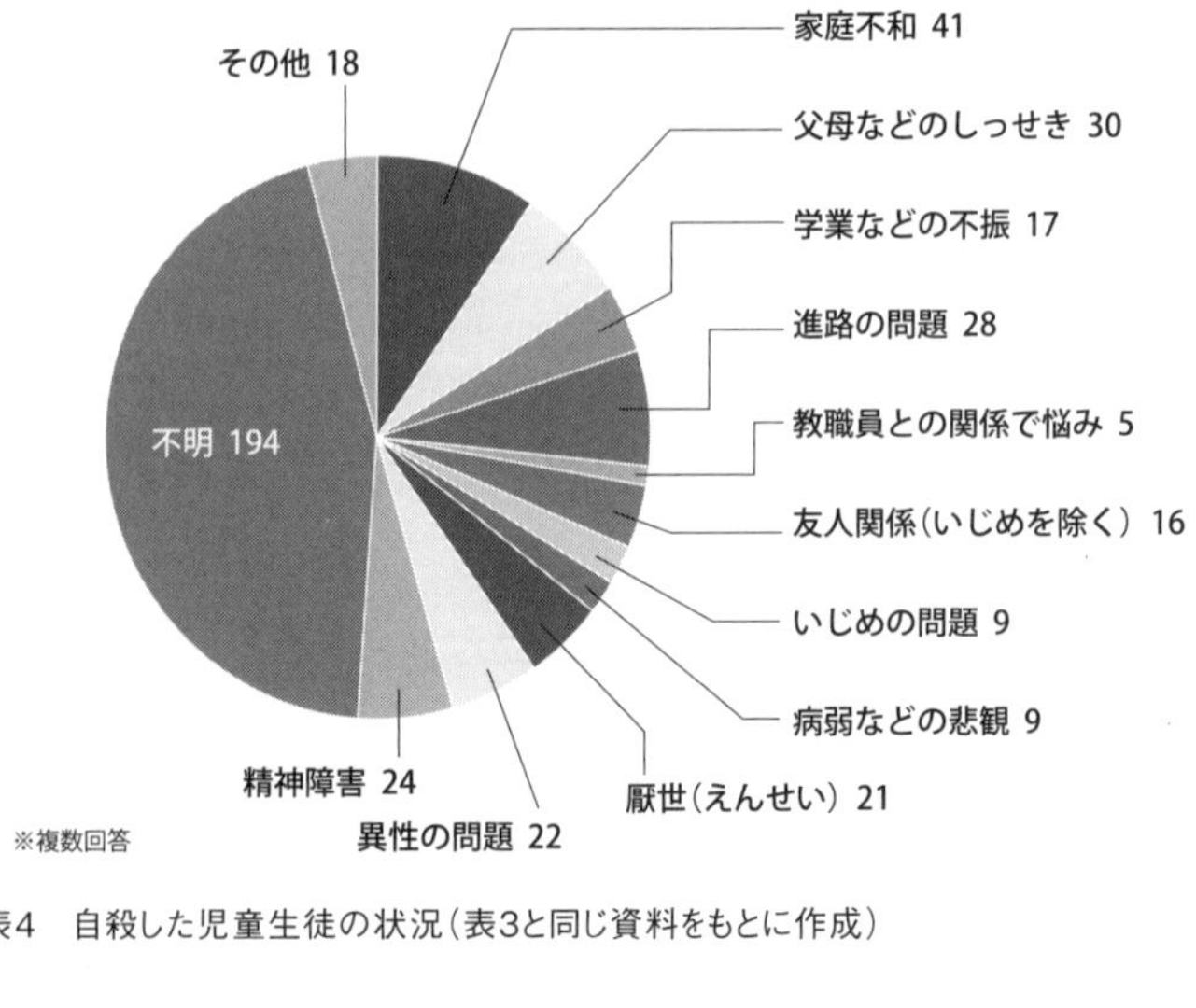

表4　自殺した児童生徒の状況（表3と同じ資料をもとに作成）

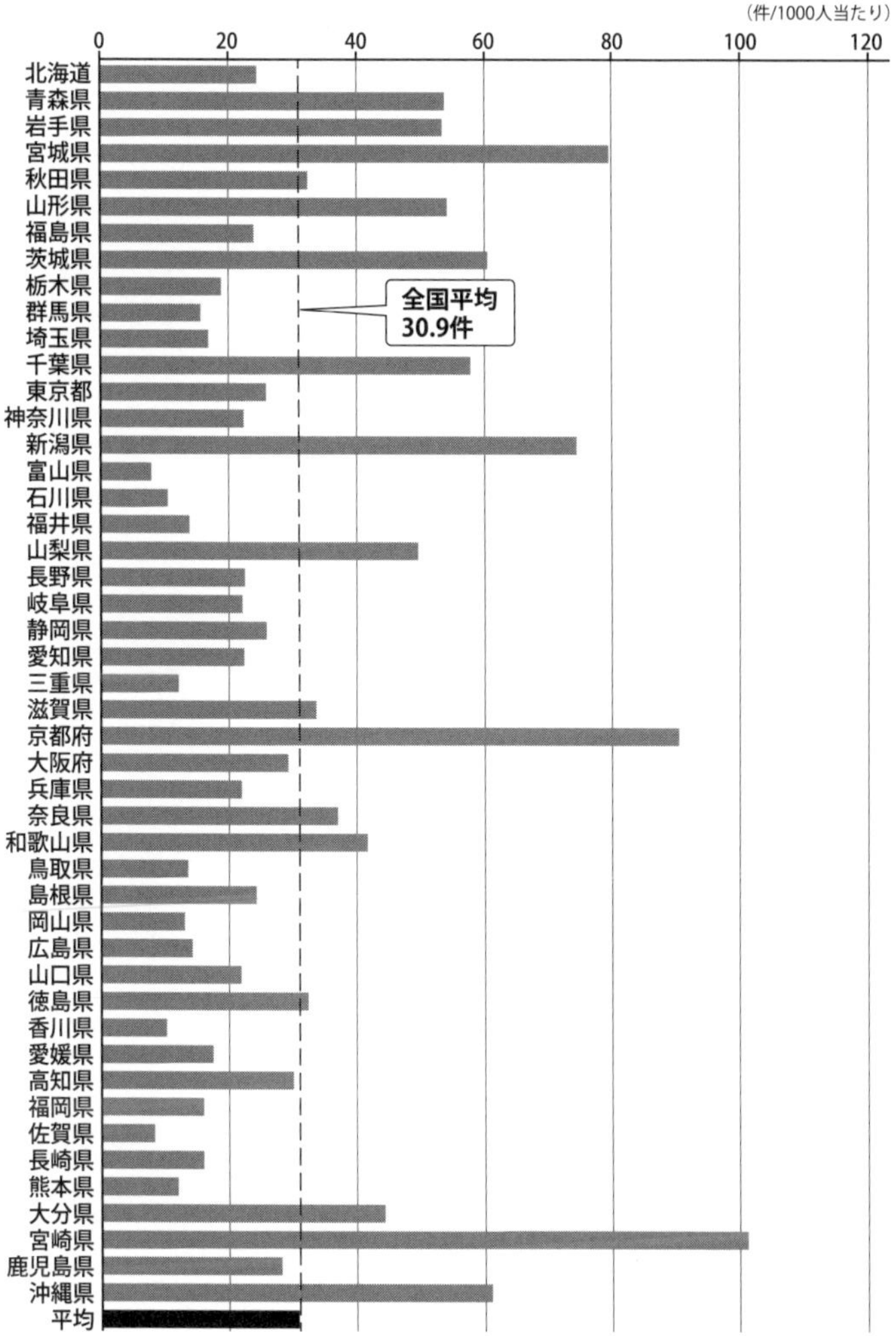

表5　1000人当たりの都道府県別のいじめ認知件数（表1と同じ資料をもとに作成）

小中高校生の自殺は322件あり、原因では「不明」が6割を占めている（表3）。いじめが原因とされたのは9件だった（表4）。不明が多いということからも、必ずしも9人だけではないだろう。

ここで指摘したいのが、いじめ件数の都道府県ごとのばらつきだ。1千人当たりの発生件数を見ると、宮崎県では101・3件を数えるにもかかわらず、佐賀県ではわずか9・7件だ。ちなみにいじめの件数が「ゼロ」と答えた学校は全体の18・2パーセントにものぼる（表5）。

これほどばらつきのある数字を、実態をきちんと反映したものと考えてよいだろうか。どう捉《とら》えるかは、本書を読み終えて改めて考えていただけたらと思う。

いじめの変質

学校でのいじめは、今に始まった話ではない。そして、学校がなかった時代にも、子ども同士のいじめはあっただろう。坂本龍馬《さかもとりょうま》がいじめられっ子だった、というのは有名な話だ。

だから、今の時代だからといって取り立てていじめを問題にするのは大げさなのではないか――ときどきそういったことを言う人に出会う。一理ありそうに思えて、大きなポイントを見逃している。かつてと今では、子どもたちを取りまく環境がまったく違うという点だ。そこを見ずに、現代のいじめ問題を語るべきではない。

最大の違いは、日々接する情報量の差とアクセスの難易度だ。

インターネットが一般的に普及したのは1990年代だが、「だれもが気軽に」が本当の意味で実現されたのはスマートフォンの登場以降である。ツールの進化は、いじめに決定的な変質をもたらした。

映像や画像を使って脅迫するタイプのいじめが起こるようになったのは、ガラケーと呼ばれた携帯電話の普及期である。子どもも含め一人1台があたりまえになった2000年代のことだ。写真や動画撮影といった付属機能を使い、被害者にとって屈辱的な場面を撮影し、笑いものにする、ときには脅迫に利用する悪質な「いじめ」がたびたび発生するようになった。

しかし、ガラケーでは画像のドットも粗く、動画も長時間は撮れない。拡散を心配する被害者に対し私は、大丈夫だろう、と伝えることが多かった。

だが、スマートフォンは違う。専門機器顔負けのクリアな動画が長時間撮れる。音声も入る。少し前に、タレントの瞳《ひとみ》に映っていた風景から自宅を割り出した男が逮捕される、という事件があった。ネット上にある情報の断片をつなぎ合わせれば、個人を特定することが可能になってしまっている。

それ以上に恐ろしいのは、拡散の速さである。今は画像や映像を撮り終えたその瞬間に、インターネット上にバラまくことが可能だ。

いじめは一対一で行われることはまずない。一人の被害者に対し、複数人数からなる加害グループがいて、彼らは被害者の情報をシェアする。

多くの場合、シェアに使われるのはＬＩＮＥだ。ＬＩＮＥは基本的にはグループ内でのコミュニケーションアプリだが、そこからTwitterやインスタグラムなどのＳＮＳに情報がアップされ、またたく間に情報が拡散されていく。ＬＩＮＥは閉じられたツールであり、Twitterは世界に開かれたツールであるという概念は彼らには存在しないといっていい。両者の垣根は驚くほど低い。

一度ＳＮＳに載せられ、拡散が始まった情報は、完全に消去することはできない。日本国内のサーバであれば、サーバ管理者に連絡を取り、削除を依頼すれば対応してもらえることも多いが、海外のサーバの場合はほぼ手が出ない。国内のサーバであっても、スクリーンショットなどをとられてあちこちにバラまかれてしまっては、いたちごっこだ。

もっとも制御が難しいのが、ＳＮＳの代名詞ともいえるTwitterだ。Twitterは運営会社がアメリカにあるため、情報の消去申請を出してもすぐには動いてくれない。さらには、アップした人物を特定するための情報を開示するよう請求してもなかなか通らない。

一旦《いったん》、拡散が始まった情報は、二乗三乗の勢いで広まっていく。止めることはできない。こうして、被害者の受けた傷は広がっていく。

子どもが置き去りにされる技術の進化

ＬＩＮＥとTwitterによっていじめは過激化し、深く潜り込み、そして世界中に拡散されていく。両者に対し、親は特に注意を払ってほしい。

たとえば、2019年8月からLINEでオープンチャットというサービスが開始された。LINEは基本的に実際に会ったり、友だち経由で招待したうえでIDを知らせることができる、リアルな付き合いをもとにしたコミュニケーションツールだったが、このオープンチャットは、LINEの友だちでない不特定のユーザーと匿名でトークを楽しめるのが特徴だ。たとえば、アニメやゲーム、旅行、料理、子育てなどさまざまなカテゴリーで、最大で5000人で気楽に会話したり、悩みを相談し合ったりできる。

しかしサービス開始直後から、やりとりのなかで不適切な画像がアップされたり、出会い系のグループができているなどの指摘が続出。LINE側は対応に追われ、開始したその日に、「不正行為を24時間監視する」と発表。不適切な動画は削除されたり、通報システムも整備された。FNN.jpの取材に対しLINE側は、

「大多数の方は有用に楽しく使用されています」

としているが、本当だろうか。こういった対応はいたちごっこである。

現在のところ、18歳未満は非公開のトークルームに参加できないなど、一定の制限はあるが、利用できないわけではない。パッと見るだけで大学受験生のための部屋や、中高生の勉強相談の部屋など、多くのチャットルームが利用できる状態だ。私はここからもいじめや犯罪が起きるのではないかと危惧《きぐ》している。

私が問題だと思うのは、こういったサービス自体を親の世代がほとんど知らないことである。スマホを持っているといっても、使うアプリは決まっていて、新サービスをキャッチアップできている親は多くないだろう。子どもがＬＩＮＥを使っているとき、自分と同じ機能を使っているとは限らないのだ。

親がスマホを管理するのはもちろんだが、私は子どもを置き去りにして技術提供を行う企業側にも問題があると思う。むやみな拡大はやめてほしい。一人前の口をきいたとしても、子どもは子どもだ。子どもを犯罪に巻き込まないような技術を提供する、少なくともそのための準備をするというのは、営利企業として当たり前のことではないだろうか。

いじめの低年齢化

情報化社会がもたらしたもう一つの弊害は、いじめの低年齢化だ。スマートフォンが普及する以前に比べると、私の感覚では2～3歳ぐらいは、情報へのアクセスが先取りされている。言葉ひとつにしても、昔の小学生なら発さなかったようなことを当たり前のように口にする。たとえば「説明責任」「個人情報」「著作権」などといった法律用語だったり、ネットスラングのような汚い言葉だったりだ。

情報源はほとんどがインターネットだ。今の子どもたちは物心がつくのと同時にタブレットやスマートフォンに慣れていく。いわゆるデジタルネイティブ世代だ。親がよほど適切な管理をしない限り、勝手にネットに接続し、あふれる情報を摂取していく。

ネットの情報には極めて重大な問題がある。規制がまったくないことである。テレビやラジオなど、法人が情報発信の主体である媒体は「パブリック」なので、放送倫理を考慮した番組作りがされる。とりわけ、ここ数年は暴力的な発言や、ジェンダーや人種、国籍を差別するような言動などが、厳しく批判されるようになった。

しかし、それに代わるように過激さを増した情報がネット上で流布するようになった。ネットで個人が発信している情報には規制もないし、正確性も担保されていない。あるのは無軌道な自由だけである。

今、子どもたちがなりたい職業で常に上位に挙がるYouTuberが使用するプラットフォームであるYouTubeは、発信の自由や表現の自由を盾に、よほどの内容でない限り、規制されることがない。規制が及ぶのは性行為や自殺、殺人の実況などだ。暴力的なコンテンツも差別的なコンテンツも、ほぼフリーな状況となっている。

これらを、分別がある人間が、よほど理性的に選んで視聴するならば、それは確かに「自由」の範疇《はんちゅう》だろう。

しかし、まだ十分な判断力や人生経験がない子どもが見るとなると話は別だ。彼らは実体験が伴っていない分、加減や限度を理解できない。たとえば、殴られるとどのぐらい痛いのかがわからないまま、その行為を「おもしろいこと」として受容してしまう。

そんな子どもたちが、ネットで見た「おもしろいこと」をそのままいじめに反映させるのは想像に難くないだろう。

たとえば、2019年9月にネット番組で放送された番組が批判の的となった。

これは、番組内に登場する女性たち（彼女たちは番組に「ブス」として出演している）に架空の出版社からフルヌードの写真集をオファーされた場合、出演料がいくらなら承諾するかを観察し、その様子を見て笑おうという趣旨のドッキリ企画なのだが、内容があまりに人権意識に欠けるため、大きな批判を浴びた。

実はYouTubeでは、以前から個人が同じようなコンテンツを流している。いってみれば、YouTubeのバージョン違いだ。番組の担当者は軽い意識で作ったのかもしれない。

こうした番組を視聴した子どもたちは、どういう行動に出るだろうか。「おもしろい」「笑える」行為として受け取り、身近なところで真似しようとする。

容姿は関係なく、おとなしいタイプや心身のハンディキャップで抵抗しづらい、狙いやすい子を見つけて、その子を「ブス」に仕立て上げ、服を脱がせようとしたり、持ちものを汚したりして「遊ぶ」のだ。

彼らの悪意は希薄だ。ただ、「その番組を見ていておもしろかったから」というだけの理由だ。その結果、いじめがエスカレートし、常態化する。雑多な情報に晒《さら》される年齢が下がることで、「いじめの酷《ひど》さ」も低年齢化しているのだ。

加えて、今の子どもたちは、スマートフォンで簡単に映像が撮れることを知っている。「シェア」という文化が進んでいるので、当たり前のように撮った映像をネット上にあげてしまう。

以上が、かつてとの決定的な違いだ。どれだけひどいことをされても、見たのがその場にいる人間だけなら、たとえば違う場所に移り、新しい環境でなんとかすることもできた。しかし、ネットが社会を取り巻く現代では、場所と時間の概念は消失し、そこを離れても、その先何十年経っても本人が安心できない状況が続くことになる。これがどれだけ大変なことか、想像できるだろうか。子どもたちを、無制限にネット空間に触れさせるのは、運転免許を持たない子に運転させているのと同じことだ。

YouTubeで恫喝の方法を学ぶ子どもたち

いじめが悪質化してくると、加害者は被害者に対して口止めをするようになるが、このときのセリフも大人が想像する以上に悪質だ。

学校でのいじめの場合、子どもたちはお互いの家の場所を知っている。その上で、加害者は被害者に対して「親や学校に相談したり、警察に訴えたりしたら、被害者のみならずその家族に対して危害を加える」と脅す。このやり口はそう珍しいことではない。

今は核家族化が進んだ上に共働きが増え、日中は家に子どもたちしかいないことも多い。それを承知の上で、大人がいない間に家に乗り込んで幼い弟や妹を「ボコるぞ」などと脅迫する。家族を守りたい一心で沈黙し、被害を訴えられなくなる。

大切な人間を傷つけた方が被害者側のダメージが大きいことを、加害者側はよく知っている。脅しが仮にはったりであっても、言われた方は万が一を考える。可能性をほのめかすことによって従わせるのだから、やくざ顔負けだ。

彼らはどこでそれを学ぶかといえば、ほとんどがネットだ。もちろん、テレビや映画でも人を脅すシーンが出てくる。しかし、影響力はネットの比ではない。なぜなら、ネットではいつでも好きなときに、繰り返し同じ映像を見ることができるからだ。

また、一種の炎上商法のようにYouTuberの家の玄関をほかのYouTuberが襲撃と称して壊そうとするなど、過激さで注目を浴びて収益にしようとする者もいる。看過できない問題だ。問題視する声が大きくなり、YouTube側も厳しく監視しているようだが、それでも過激演出や炎上的な演出が目立つ。

これを悪影響といわずして何といえばいいのだろうか。

ネットの情報は閲覧数を稼げば稼ぐほど収入につながるというシステムだから、倫理観の欠如した大人たちはより過激な番組を作る。私の目から見ると、すでに許容限度を超えている。

繰り返しになるが、いじめの悪質化の大きな要因は、幼少期から無分別な情報を浴びることだ。この問題にどこかでカタをつけないと、いじめを通り越して、犯罪者予備軍となる子どもたちを作ってしまうことになる。

最近、大学生が未成年者を含む女性を風俗産業で働かせ、その上前をはねる事件が起こった。第四章で詳述するが、私は彼らの多くにいじめ加害の経験があったのではと思う。しかもそれが咎《とが》められないまま成長してしまったせいで、一種の「成功体験」になっている。

もちろん、昔から「ひどいいじめ」はあった。ネットがなかった時代でも、集団リンチや盗み、つるし上げなどはあった。しかし、昔ならそんなことをするのは中高生だったのが、今は小学生のうちから始まる。昨今の「いじめ」は、もはや犯罪レベルなのだという事実をぜひ知ってほしい。

いじめはどの学校でも起こる

いじめを起こす子どもたちや学校には何か特徴があるだろうか。学校現場のいじめを調査してきた私がいえることは、いじめは、環境に関係なく必ず発生するということだ。教育困難校にいじめが多く、偏差値の高い有名私立は少ない、などという見方は錯覚であり、誤りである。

しつけや管理の厳しい私立でも、富裕層の子どもが多く通う学校でも、東大進学率がトップレベルの学校でも起こる。実際、私はそういった学校の生徒からも依頼されていじめの調査を行ったことがある。都市部の学校でも地方の学校でも起こる。

私はこのような仕事をしているので、会う人に子どもの進学先を相談されることもあるが、「私立だろうが公立だろうがいじめは起きます。偏差値も関係ありません」とはっきり伝えている。いじめが起きることを前提に、どうしたら起こさずにいられるのか、起きてしまったときにどう対処するのかを考えるのが現時点での私たち大人の役割だ。

公立の方がいじめ事件が多いという見方が一般的だが、それは単に認知されているかどうか、隠蔽されているか否かの問題だ。

私立学校はとにかく不祥事が表沙汰になるのを嫌がる。いじめがあっても認めようとしないことが多い。人気に直結するからだろう。また、私立に通う生徒は比較的富裕層であり、学力も高いことが多い。そういった子どもたちのいじめは、よりテクニカルで知能犯的だ。

彼らのいじめは、自分で手を汚さないタイプが多い。最大の手段は情報操作である。なりすましや、「○○さんがあなたの悪口を言っていたよ」と巧みな嘘をついてターゲットの子どもを疑心暗鬼にさせ、人間関係を壊していく。そして、自分ではなく、ほかの人間にいじめ行為を実行させる。けれども明確に主導しない。証拠も残さないので、こちらがたどろうとしても首謀者まで行き着かないことが少なくない。

こういう場合は地道に証言を取っていくしかないのだが、彼らは大人顔負けの巧みさで自分の存在を隠す。すでに犯罪者の頭脳を持っているとしか思えない。早い子では、小学五年生や六年生でやり始める。ただそれぐらいの年齢だとさすがに詰めは甘い。

一方で、高校生くらいになるとより巧妙で陰湿だ。

よくあるのはこういったパターンだ。最近の高校生たちはＬＩＮＥでのやりとりがコミュニケーションの中心だ。ＬＩＮＥでは、会話を共有するメンバーがひとつのグループに入り、そこでメッセージを交換するが、グループ内でいじめのターゲットが決まると、元のグループは保持したまま、ターゲットだけメンバーに入れない別のグループを作成する。いわゆる「はぶる」状態を作る。

その上で、元のグループでは従来通りの当たり障りのないやりとりが続くが、新しいグループでは激しいやりとりが交わされる。もちろん、話題はいかにしてターゲットをいじめるかである。

しかし、新グループでは表面上は「自主的に」だれが何をするかが決まっていく。リーダー格はほとんど指示しない。メンバーたちが自主的に行動するよう仕向けるのである。だから決定的な証拠は残らない。

もちろん、メンバーはリーダー格の顔色を窺《うかが》って忖度《そんたく》して行動しているのだが、明確な指示があるわけではないから、このグループでのやりとりを入手したところで主犯にはたどり着けない。

実行犯はわかるし、やっていることも判明するのに、核となる部分は見えてこないのである。まるでマフィア組織かなにかのようだ。

学力が高い子の知能犯的いじめ

こういう例があった。

ある女子高生がいじめのターゲットになり、彼女の変顔がショートビデオの共有プラットフォームであるTikTokに晒された。本人は周囲に消してくれるように頼んだが、逆にTwitterなどほかのSNSにまで拡散されてしまった。どうしてよいのかわからず、本人が私のところに相談してきた。

私はまず、各プラットフォームに削除要請をかけた。一部の書き込みには本人の住所や名前、さらに電話番号まで併記されており、おかげでどこのだれともわからぬ人間から電話がかかってくるようになるなど、実害が身辺に及び始めていた。

個人情報をまき散らすアカウントを特定しなければならないが、前述した通り、Twitterは運営本社がアメリカであるため、開示請求に手間も時間もかかる。よって、別の線から迫ることにした。探偵の本領発揮だ。

まず、その写真を撮った人間を特定するところから始め、LINEのやりとりを手掛かりに関わったグループのメンバーを特定していった。

その間、当然ながら「なんか変なやつが聞き込みをしている」とLINE上で情報が広がるのだが、そのなかで私たちに情報提供する子どもも出てくる。そこから徐々に人物を絞り、最終的にアカウントの持ち主を特定した。

この生徒は、勉強ができて、友だちが多いクラスのリーダー格だった。証拠を残さず、直接的な命令もしていない。ただ、みんなが拡散するように誘導していた。

まず私は、実行犯の生徒たちにアクセスし、「校則に、いじめを行えば退学処分と書かれている」「停学で収めたければ被害者に許してもらえるような行動を自ら取るべきだ」と伝えた。第三者の大人である私に知られ、親や学校にも知られるかもしれない。さらに退学になると聞かされれば、たいていの生徒は謝罪する。

実行犯が改心の意向を見せたら、いよいよ主犯だ。リーダーの彼女には、数々の証拠を直接突き付け、もう逃げられないと理解させた。こういうタイプは勉強ができる分、大学への推薦入学を狙っていることも多く、学校側の心証を悪化させたくない心理が働く。親も同様だ。私はそこを突いた。

一件落着、とほっとしたのもつかの間、この話には後日談があった。主犯の彼女は、一旦は謝罪することを受け入れたが、表面上のことで、内実は反省するどころか機会があればまた被害者を追い詰めてやろうと考えていたのだ。

なぜそれがわかったかというと、話は簡単で、彼女の裏アカウントに本音をツイートしていたからだ。

その内容が実にひどかった。被害者への悪口雑言はもちろんのこと、仲間や親への憎悪など、明るいクラスの人気者が隠していた心の闇が書き連ねてあったのだ。

私は、それを本人の前で読みあげた。そして、今さらアカウントを消したところですでに記録済みであることを告げた上で、そこに書かれた内容が動かぬ証拠になることを伝えた。その上で、本気で反省し、謝罪するよう求めた。

「きちんとした謝罪が行われるまで、僕たちは粛々と手続きを進めていく。あなたが前非を悔いるのと、僕らの手続きと、どちらが早いだろうか。手続きの方が早い場合は、学校から処分が下ってしまうかもしれない。そうなる前に、被害者との間で話がついていれば、学校側もある程度は情状酌量してくれるだろう。しかし、まだ反省しないようなら、最悪退学もありうる」

とはっきり伝えた。

主犯格の生徒はさすがに音をあげ、事態は収束に向かった。

ちなみに、このときに使われていたTikTokは、収束に時間がかかる。また、ネットタトゥー（スクリーンショットして拡散されている画像）の類《たぐい》は完全に消すことはできないが、私たちは巡回して削除要請を粘り強く行う。ネット上などでこの話題を出さないように働きかけていく。そうすることで、書き込みが鈍化する傾向があるからだ。この働きかけが正攻法といえる。

そして、加害者側からの謝罪もさることながら、被害者側の名誉回復が重要だと考える。つまり、被害者側が安心して学校生活を送れるように最大限の配慮と介入を求めていく。私は被害者側と連携しているので、すぐに情報が入るし、調査中に証言者らを被害者側の協力者になるように説得していくので、彼らからも情報が入るようになっている。

いじめは犯罪である

これで済まないこともある。加害生徒が半グレのような連中と付き合いがあるケースだ。被害者の家の自転車のタイヤが全部切られたこともあるし、「さらうぞ」などと露骨に脅してくることもある。私たちも、現地でいきなり殴られたり、蹴《け》られたり、拉致《らち》されそうになったこともあった。

彼らは仲間意識が強いわけでなく、むしろ弱いのだが、善悪を考えない傾向がある。だれかの伝手《つて》で頼まれたら、暴力団顔負けの犯罪行為も平気で行う。

こうしたパターンは主に都市圏で起きやすい。中学生でも起こりうる。また、加害者の見た目なども関係ない。一見真面目そうな生徒でも、中学時代の友人だとか、クラブで知り合った人間だとか、親の目が届かない交友関係を持っている。わが子が半グレを使ったというので驚く親も少なくない。

いずれにせよ、こういった場合には、私たちも警察の介入を求めるしかなくなる。加害生徒にはより悪い結果になるだけだが、それが理解できない時点でまだ子どもだといえるかもしれない。だが、やることは子どもではない。だからといって、大人と同じように扱えばいいかというと、それはそれで違うと思う。

最近、カツアゲは窃盗罪や恐喝罪、万引きさせるのは強要罪、殴る蹴るは暴行罪であり、どれも刑法上の犯罪なのだから、あえて罪名を使うべきだとする主張がよく見られる。確かに一理あるだろう。私もいじめを「いじめ犯罪」といっているし、単なる成長過程の事故や自力で乗り越えるべき事案として片づけようとする考えには反対している。

一方、いじめは少年法があるので、刑法犯とはならないケースの方が多い。問題は、行為は犯罪そのものであるが、少年だけに刑法犯としては扱われず、罪状にはならないということだ。加えて、被害者側は犯罪行為そのものを受けているのに、子どもだからなどという思考停止している論理で被害ケアがぞんざいに扱われているという点だ。

一般的ないじめは暴行・強要・強請《ゆす》りだけでなく、無視や仲間外れ、中傷誹謗などあらゆる要素が入ってくる。中傷誹謗などは名誉毀損罪にあたるかもしれないが、無視や仲間外れのような人権侵害にあたる類のいじめには当てはまる刑法的な罪はない。

あらゆる「嫌がらせ」や「人権侵害」がすべて重なっているのが「いじめ」なのだ。よって、個々の被害を個別に犯罪として列記したところで全容は見えないばかりか、かえって被害を矮小化《わいしょうか》するおそれがある。

犯罪名にこだわる人は、むしろいじめ問題を軽く見ているように私には感じられる。

いじめは決して軽い言葉ではない。

むしろ、いじめを犯罪と捉える方向で、社会全体が認識を変えていくべきではないだろうか。

第二章　子どもを守る法律はできたけれど

「いじめ」が法律で定められた

いじめとは何か。なにをもっていじめというのか。「いじめ」と「いざこざ」はどう違うのか——これらの問いに明確に答えられるだろうか。

いじめの定義は何度か変遷してきたが（51ページ参照）、「いじめ防止対策推進法」という法律によって、何がいじめに当たるのかがはっきりと定められた。

定義に当てはまるものは即いじめと判断され、法律に基づいた対策がなされるべき事案となるのだ。そこには個人の経験や判断が入り込む余地はない。起こっている事案がいじめかどうか判断するのは、教師でも学校でも教育委員会でもない。法なのだ。

ところが、このシンプルな事実が、教育現場をはじめとする社会ではまだまだ共有されていない。学校の先生はもちろん、行政の担当者たちもこの法律を知らず、いじめに定義があるのを知らないことが多いのだ。

「いじめ防止対策推進法」は２０１３年秋から施行された。そのなかで、いじめを次のように定義している。

第二条　この法律において「いじめ」とは、児童等に対して、当該児童等が在籍する学校に在籍している等当該児童等と一定の人的関係にある他の児童等が行う心理的又は物理的な影響を与える行為（インターネットを通じて行われるものを含む。）であって、当該行為の対象となった児童等が心身の苦痛を感じているものをいう。

この条文は、いじめ自体をかなり広義に捉《とら》えようとしている。行為の内容や頻度などは関係なく「当該行為の対象となった児童等が心身の苦痛を感じているもの」は即ち「いじめ」であるとしている点で、何をおいても被害者の立場に立つことが重要だとしているように私には読める。大変すばらしいと思う。

この条文を読む限り、基本的には「被害児童が心身の苦痛を感じる行為があったか、なかったか」だけがいじめ認定の際に問われることになる。つまり、加害者や第三者が「これぐらいはいじめではない」「ふざけたつもりだった」などといいわけするのを許していないのである。

成立のきっかけとなったのは2011年10月に起こった滋賀県大津《おおつ》市の男子中学生自殺事件だ。社会問題として大きく報道された事件なので、記憶に残っている方も少なくないだろう。

被害者の自殺から10か月近く経って世間に知られるようになった本事件は、加害者の行為が「いじめ」の範疇《はんちゆう》をはるかに超えていたことで人々に驚きを与えたが、それ以上に衝撃的だったのは学校や教育委員会が結託して事件そのものをなかったことにしようと隠蔽《いんぺい》工作を図った事実だった。

学校は加害者側と組んで、いじめそのものを否定するだけでなく、自殺の原因を被害者の家庭環境に押し付けようとした。さらには、警察が三度にわたり遺族が出した被害届の受理を拒否したことなどが次々に明らかになり、大津市の行政全般に対して世間の非難が殺到した。

結局、各行政当局は厳しくなる一方の世論に対応せざるをえず、事態は動いたのだが、失われた命は当然ながらもう帰ってこない。

こうした反省を踏まえ、いじめ対策にも明確な法が必要との認識が広まった。国会議員が超党派の勉強会を結成し、法制化の議論は急ピッチで進められた。そして、1年足らずで成立、施行まで一気に動いたのだ。

この法律では、物理的だけでなく心理的な苦痛を与える行為も含めて対象児童／生徒に強い圧迫を与える行為をいじめと規定した。インターネット上での悪質な書き込みなども視野に入れているのが現代的である。

また、いじめ対策は学校だけでなく、教育委員会や警察などを巻き込んで行うことと明文化している。

各学校は、教職員やスクールカウンセラーなどで作るいじめ防止対策組織を常設しなければならないし、いじめが起きた場合には、迅速な事実確認、被害者への支援、加害者への指導などを行うことを義務付けられている。

さらに、いじめを行った児童に対しては、必要に応じて懲戒や出席停止などの対策を適用できることになった。いじめを超えた犯罪行為と判断される場合は警察と連携し、重大な被害が発生するおそれがある場合には、速やかに警察へ通報するように義務付けている。学校関係の法律としては踏み込んだ内容といえるだろう。

私も、長らくいじめ問題に関わっている身として、法律ができる過程を注視していた。条文ができあがったときには、大津事件を踏まえて急ごしらえだったために不足した部分が多くあるという印象を受けたが、全体としては評価できる部分が多い。

内容が丁寧すぎるガイドラインの理由

それからわずか4年後の2017年、文部科学省は「いじめの重大事態の調査に関するガイドライン」を発表した。「いじめ防止対策推進法」の成立以後の状況を簡単に総括した上で、次のように指摘している。

基本方針やこれらの調査の指針が策定された後も、学校の設置者又は学校において、いじめの重大事態が発生しているにもかかわらず、法、基本方針及び調査の指針に基づく対応を行わないなどの不適切な対応があり、児童生徒に深刻な被害を与えたり、保護者等に対して大きな不信を与えたりした事案が発生している。

この文章を読むと、法律を施行したにも関わらず、きちんと運用されていないことへの危機感が感じられる。

続く「第1　学校の設置者及び学校の基本的姿勢」では、さらに踏み込んだ表現で学校現場に認識を改めるように求めている。少し長いが引用する。

○　学校の設置者及び学校は、いじめを受けた児童生徒やその保護者（以下「被害児童生徒・保護者」という。）のいじめの事実関係を明らかにしたい、何があったのかを知りたいという切実な思いを理解し、対応に当たること。

○　学校の設置者及び学校として、自らの対応にたとえ不都合なことがあったとしても、全てを明らかにして自らの対応を真摯に見つめ直し、被害児童生徒・保護者に対して調査の結果について適切に説明を行うこと。

○　重大事態の調査は、民事・刑事上の責任追及やその他の争訟等への対応を直接の目的とするものではなく、いじめの事実の全容解明、当該いじめの事案への対処及び同種の事案の再発防止が目的であることを認識すること。学校の設置者及び学校として、調査により膿《うみ》を出し切り、いじめの防止等の体制を見直す姿勢をもつことが、今後の再発防止に向けた第一歩となる。

○　学校の設置者及び学校は、詳細な調査を行わなければ、事案の全容は分からないということを第一に認識し、軽々に「いじめはなかった」、「学校に責任はない」という判断をしないこと。状況を把握できていない中で断片的な情報を発信すると、それが一人歩きしてしまうことに注意すること。また、被害者である児童生徒やその家庭に問題があったと発言するなど、被害児童生徒・保護者の心情を害することは厳に慎むこと。

○　特に、自殺事案の場合、学校外のことで児童生徒が悩みを抱えていたと考えられるとしても、自殺に至るまでに学校が気付き、救うことができた可能性がある。したがって、いじめが背景にあるか否かにかかわらず、学校の設置者及び学校として、適切に事実関係を調査し、再発防止策を講ずる責任を有しているということを認識すること。

内容は極めて常識的だ。これほど当たり前のことを書く必要があるのか、というくらい当たり前の内容だ。しかし、この常識的な内容を改めて明文化し、周知徹底しなければならないほど、学校現場は常識外れな対応を取りがちなのである。

このガイドラインには、「いじめ」が重大事態に発展するかどうかの瀬戸際を把握するための例がかなり詳しく書かれているのだが、教育委員会の担当者でさえ、これを認識していないことは珍しくない。

たとえば、いじめ事件が重大事態に至る予兆のひとつに不登校がある。では何日休んだら不登校といえるのだろうか。これも明文化されている。登校しない日数が年間通算して30日に達したら不登校重大事態と認定される。

教育委員会の担当者であれば、この「30日」という基準は知らないはずはないと思うが、私が各地の担当者と話して、明確に基準を把握していたのは東京都の担当者のみだった。私は、ほとんどの都道府県の担当者に会っているが全員認識が曖昧《あいまい》で、明言できなかった。

呆《あき》れるばかりだが、知らないことを責めても先に進まないので、こちらから「30日間ですよね」ということにしている。本来であれば最低限押さえておくべき知識だろう。

いじめを証明するには、出来事の時系列に従って事態を把握することが重要だ。いじめ行為が起きたのはいつで、学校側の誤った対応がどれぐらい続いて、いつから不登校になって、という事実関係を明確にしたうえで、それによって心身を崩して学校に行けない状況が30日以上続いているのだから、重大事態と捉えてください、と申し入れる。重大事態になれば、教育委員会も通常の対応ではすまない。もし重大事態と認めないのであれば、それは教育委員会の怠慢だ。

ガイドラインでは、「誤った重大事態の判断を行った事例」も紹介している。たとえばこういった事例だ。

明らかにいじめにより心身に重大な被害（骨折、脳震盪《のうしんとう》という被害）が生じており、生命心身財産重大事態に該当するにもかかわらず、欠席日数が30日に満たないため不登校重大事態ではないと判断し、重大事態の調査を開始しなかった。結果、事態が深刻化し、被害者が長期にわたり不登校となってしまった。

基準だけで判断するのではなく、たとえ基準を満たしていなくても、学校側は速やかに対応しなければならない、と明記している。ここまで書かなくてはならないのかと驚くが、「30日に満たなかったので」と学校側から言い返されることを見越して、先手を打っているようにも読める。

この法律やガイドラインは教育現場に浸透しているかといえば、私の感触ではほとんどしていない。

文科省がガイドラインを作ったことは評価するし、危機感の表れだと思うが、もう一歩、現場に浸透させるところまで手を尽くしてもらいたい。浸透して初めて、仕事として完結したといえるのではないだろうか。

「みんないい子」幻想

私は、いじめ関連の相談を受けると、まずは証拠集めをするところから始める。どのような事案であれ、証拠がなければ加害者側と渡り合うことはできない。逆にいえば、証拠さえあれば、ぐうの音も出ないところまで持っていけることが多い。

確認すべきは、いじめ行為の有無だけだ。生徒同士の関係性や親、先生に関わることなどは気にする必要がない。集めた証拠を「心身の苦痛を感じさせる行為」があった証拠として有効化していくのだ。

たとえば、浮気調査の場合、配偶者以外と交わした愛のメールやホテルに入る現場写真を突き付けられて「参りました」とならない人間はほとんどいない。なかには、「人違いだ」「ドッペルゲンガーだ」と言い張る人物もいるが、だれもがこうした人物のいうことは信じない。つまり、信用できない嘘つきだとされてしまう。

ところが、法の成立以前の教育現場では、その常識が通じなかった。被害者が加害者に言葉によるいじめを受けていたとして、そのやりとりを録音した音源を突き付けても、「そんな一部のやりとりを切り取っただけのものを出してきても、この前後がどうなのか分からないから証拠にならない」

などと言われてしまう。

そうなると、やむを得ず次なる手段を講じるしかない。たとえば、その前後の証拠を仄《ほの》めかしたり（すべて見せると、それをまた否定するから仄めかすだけ）、文科省が出している「いじめの定義」（51ページ）や過去のニュースソースを提示して、どこが違反しているかなどを説明する。また、「仮に○○という証拠があったら」という言い方で、「こうなりますよね」と同意

◆昭和61年度（1986）からの定義
①自分より弱い者に対して一方的に、②身体的・心理的な攻撃を継続的に加え、③相手が深刻な苦痛を感じているものであって、学校としてその事実（関係児童生徒、いじめの内容等）を確認しているもの。なお、起こった場所は学校の内外を問わない。

◆平成6年度（1994）からの定義
①自分より弱い者に対して一方的に、②身体的・心理的な攻撃を継続的に加え、③相手が深刻な苦痛を感じているもの。なお、起こった場所は学校の内外を問わない。
なお、個々の行為がいじめに当たるか否かの判断は表面的・形式的ではなく、いじめられた児童生徒の立場に立って行うこと。

◆平成18年度（2006）からの定義
「いじめ」に当たるか否かの判断は、表面的・形式的に行うことなく、いじめられた児童生徒の立場に立って行うものとする。

「いじめ」とは、「当該児童生徒が、一定の人間関係のある者から、心理的、物理的な攻撃を受けたことにより、精神的な苦痛を感じているもの。」とする。なお、起こった場所は学校の内外を問わない。

◆平成25年度（2013）からの定義（いじめ防止対策推進法が施行）
「いじめ」とは、「児童生徒に対して、当該児童生徒が在籍する学校に在籍している等当該児童生徒と一定の人的関係のある他の児童生徒が行う心理的又は物理的な影響を与える行為（インターネットを通じて行われるものも含む。）であって、当該行為の対象となった児童生徒が心身の苦痛を感じているもの。」とする。なお、起こった場所は学校の内外を問わない。

「いじめ」の中には、犯罪行為として取り扱われるべきと認められ、早期に警察に相談することが重要なものや、児童生徒の生命、身体又は財産に重大な被害が生じるような、直ちに警察に通報することが必要なものが含まれる。これらについては、教育的な配慮や被害者の意向への配慮のうえで早期に警察に相談・通報の上、警察と連携した対応を取ることが必要である。


いじめの定義の変遷（文科省発表の資料をもとに作成）

を得るように話す。こうすると「でも、証拠があれば、ですよね」となる。

学校サイドが「だったらもう証拠を取ってきてくださいよ」と自ら言うところまでいったら「ありますよ」と出す。そうしなかったために一切無視されるパターンがいかに多かったことか。

そこにはやはり「教育現場」独特の事情がある。学校教員の頭の中には常に都合の良い「児童／生徒」像がある。

その基本は「みんないい子」だ。

「みんないい子」だから、ちょっとした悪口や暴力も子どもならではの突発的な行為であり、深く考えるには及ばない――そういうことにしておきたい心理が働く。その結果、起きた事実について、本質を見極められないのだ。この思い込みは、教員たちの陥りやすいいわば罠《わな》だ。

常に、「うちの学校でそんなひどいことが起きるはずがない」「うちのクラスの子どもたちがそんなことをするはずがない」「いざこざだ」「被害者側にも落ち度があるはずだ」「この程度のことはどこのクラスでも学校でもある。騒ぐほどのことではない」といった前提で、物事を見る。

特に、学校の管理者にあたる校長、副校長、主幹教諭あたりになると、この傾向に拍車がかかる。現場を離れると子どもたちの姿が見えなくなるのか。子どもは残酷性や邪悪な部分を内に秘めている。その事実を認めようとしないのだ。

そして、彼らよりもさらに話が通じない人たちがいる。早いうちから出世コースに乗って校長などの管理職になった人たち、または現場での教員生活がほとんどないまま教育委員会の事務局畑でやってきた人たちだ。この方々になると、よほどの証拠があっても「そんな一部のやりとりを……」と言われてしまう。

だが、法律の定義ができたことによって、前後の経緯がどうあれ、該当する行為があればその部分だけで「いじめ」が成り立つようになった。これはある程度、進歩といえる。

だが、残念ながら教育現場では未《いま》だ「いじめ」を認めたがらない風潮が強い。

法律ができると、今度は「いじめの定義」を勝手に限定解釈するようになったのだ。

教員は、不思議なほど行為に至った状況を重視したがる。そして、加害者側に少しでも正当性があると思える場合には、いじめという判断をしない方向にもっていこうとする。

そんなときに教員サイドから頻出するキーワードが「いざこざ」だ。これはあくまで刹那《せつな》的な感情の行き違いであって、永続的ないじめではない――そう解釈するのである。

私は「その解釈の仕方自体が条文的にダメなんですよ」と口を酸っぱくしていうのだが、なかなか理解してもらえない。場合によっては学校側が雇った弁護士まで出てきて、「解釈に問題はない」と言い出す始末だ。私は教員と言い争いたくて出張っているわけではない。加害者にいじめを認めさせて、いじめられている子どもを救いたいだけなのだ。弁護士まで登場させるとは、教員たちはいったいだれの方を向いて仕事をしているのだろうか。

いじめではなく「いざこざ」？

いじめといざこざ、両者はまったく違う。大きな隔たりがある。最大の差は、心身の苦痛に対しての解釈だ。いざこざは、それなりには傷ついているが、心身の苦痛とまではいかない状態であり、互いに牽制《けんせい》したりする、喧嘩《けんか》の手前の状態だ。それに対していじめは、一方的ではなかったとしても、心身の苦痛を伴っているものをいう。

しかし、教育現場では、もし「いじめ」の条文を定義通りに解釈したら、ちょっとした「いざこざ」との区別がつかなくなるとの思い込みが強い。

たとえば一対一の喧嘩が起きたとしよう。殴られたほうの子も殴り返していて、程度の差はあれ、お互いそれによって傷ついた場合、定義を当てはめると「心身の苦痛」を感じた子どもは二人いるのだから、2件のいじめ事案が起きたということになる。教員はこう判断することを嫌う。しかし、定義上はべつに2件のいじめとして判断しても問題ないはずだ。

だが、いじめの場合、被害の大小は必ず発生する。よって、定義的には2件となっても、そこにどう対応するかのアプローチの強弱は、当然、状況次第ということになる。

このカウント方法については教育現場でも見解が分かれていて、定義通り2件とする教育委員会もあれば、いや、これはただの喧嘩なので「いざこざ」だと判断するところもある。そして、後者が圧倒的に多い。

つまり、定義そのものが現場でかなり軽んじられているのだ。その背景には「いじめ」と表記したくない現場心理がある。現場としては認知件数が少なければ少ないほど、教育委員会などの評価が高くなると考えてしまうのだ。21ページで掲げた各都道府県のばらつきは、こういったことが影響しているのではないかと推測している。

しかし、そのために現実に起こっているいじめが見過ごされるようなことがあっては本末転倒だ。

むしろ、認知件数が多いほうが、子どもたちのトラブルをくまなく拾えている状態だと、教育界も社会も考えるようになったほうがいい。そうでなければ、いつまで経っても「いじめ」を「いざこざ」の枠に押し込めて、初期消火できずに、徒《いたずら》に被害を広げる状況が温存されることになる。

私が見てきたなかで、悲しいことだが、実際の現場では被害者の立場に立って考える教育関係者はほとんどいない。全体を見るとの建前の下、「なかったことにしたい」と考える人たちが圧倒的なのだ。

第三者委員会は中立公平か

日本社会にありがちな事なかれ主義が、教育現場にも蔓延《まんえん》している。そのために子どもが犠牲になる事件が相次ぎ、さすがに社会も問題視するようになってきた。

近ごろでは、特に重大な事案が発生した場合は、第三者委員会が立ち上げられることも増えてきた。ほとんどの第三者委員会には弁護士がメンバーとして入るので、世間的には法律面はクリアだろうと思われがちだ。しかし安心していいわけではない。先ほどの例のように、法律を限定解釈することもあれば、学校や教育委員会とつながりのある弁護士が第三者委員会に入っていたりする。

第三者委員会が立ち上げられるレベルだと、間違いなく学校がいじめに対応できなかったばかりか、隠蔽《いんぺい》工作に走るなどの問題行動を起こしているはずである。簡単にいうと、生徒間のいじめが一次被害だとしたら、学校の対応が二次被害を起こしているのだ。

となれば、第三者委員会は学校の対応自体を調査対象にしなければならない。その場合、被害者の立場に立てば、加害者である学校側と第三者委員会の関係が近くなるのは好ましくない。むしろ第三者委員会の前提である「中立」「公平」、そして「独立性」を鑑《かんが》みれば、被害者の証言も加害者の証言も同等に扱わなければならない。

こんな事案があった。

とあるいじめ事件で、第三者委員会が設立された。委員会が開かれた後には記者レクというものが開かれる。これは通常の記者会見とは違い、カメラマンを入れずに、記者の理解を促すことを目的として開かれる場である。主催は第三者委員会だ。その場には、被害者ももちろん立ち会える。

ところが、その事件では、調査対象である学校の責任者が毎回立ち会っていたのだ。その様子を見た私は後日、代理人（被害者側の弁護士）を通じて抗議した。

調査対象となった学校側は、加害的な行為を被害生徒に対して行っていた。しかもその学校に生徒はまだ通っている。そうした状態で、学校の責任者がレクに立ち会うというのは、被害者への圧力になる。

わかりにくければ、こう考えてみてほしい。ある人物が会社でパワー・ハラスメントの被害を受けた。その被害を救済するために、第三者委員会が開かれた。第三者委員会の目的はパワー・ハラスメントの実態を明らかにし、被害者の人権回復をすることである。被害者は当然被害の実態を訴える権利がある。ところが、そこにパワー・ハラスメントの加害者である会社の重役が立ち会うとなると、おかしなことになる。言いたいことも言えなくなるだろう。

それと同じことが行われていたのだ。

幸い、この時の弁護士は私の主張を聞き入れ、以後学校側の参加はなくなった。

ところが、その後、学校側を入れないのであれば、被害者も入れないという話になってしまった。

私はまたも「それはおかしいでしょう」と抗議したが、弁護士の考えでは被害者も加害者も同等だという。つまり彼らは、事件を客観的に評価することばかりに気を取られて、被害者の権利の回復という第一義を忘れてしまっているのだ。

ちなみにこの事案は、いじめ問題に詳しい被害者側の弁護士が文科省のガイドラインなどに違反していると指摘したこともあり、被害者側は立ち会えるようになった。

ここからわかるのは、いくら専門家であっても、正しい知識によって正論を主張しても、探偵が言っているというだけでは、正しい判断をしてくれないということだ。

いじめ事件における第三者委員会というのは、いじめ防止対策推進法に基づいて運営されていくべきである。いじめ防止対策推進法は、その名の通りいじめの発生と再発の防止が最大かつ唯一の目的であり、第三者委員会もいじめ被害者の立場に立って行うものだ。それが大前提のはずだ。

ところが、その大前提が、学校でも第三者委員会でも軽視されてしまっている。

ときには、第三者委員会ですら、文部科学省のガイドラインに沿わない形で設置されてしまうことがある。

第三者委員会はその設置過程において、委員の顔ぶれなどに被害者の同意を得なければならないとされている。にもかかわらず、あるいじめ事案の第三者委員会では、まったく被害者側の意向は聞かれていなかった。

このケースでは、事実が明らかになったことで、第三者委員会は一旦《いったん》解散することになった。ガイドライン違反が多くある状態では正しい運営ができないし、そもそも被害者の協力が得られないからだ。

こうした事態が起こってしまうほど、いじめ防止対策推進法およびそれに準拠するガイドラインは教育現場に浸透していない。

教員の方にいじめ防止対策推進法やガイドラインのすべてを暗記しろなどというつもりはない。しかし、一度でもいいから目を通してほしい。もしなにかあったときに、これらに沿った対応をしようと考えられるようになるはずだ。

一方で、教育委員会のいじめ問題を担当する部署に在籍する人には、法とガイドラインの内容は完璧《かんぺき》に把握してほしいと思う。

校長にモノをいえない専門家、カウンセラー

学校教育の質は多分に属人的である。校長が代わっただけで、教育困難校がみるみるよみがえる例もあれば、逆もまたしかり。また、先生のクラス運営能力によって、生徒の伸び方に大きな差が出ることも珍しくない。親が新年度のクラス担任を、くじ引きのように当たり外れというのは、こういうことが肌感覚でわかっているからなのかもしれない。

いじめに関してもそうだ。いじめ対策に強い先生もいれば、一旦起こってしまったらなす術《すべ》もない状態になる先生もいる。見て見ぬふりをする先生、隠蔽する先生、ひどくなると加害生徒と一緒になっていじめ行為をする先生までいる。

本来、教育は「当てもの」であってはいけない。どんな先生にあたろうが、均質で良質な教育を受けられるべきだ。しかし、いくら「べき論」を唱えたところで、人対人の教育現場で先生の能力によって環境が異なる事実が変わることはないだろう。

けれども、システムを整えていけば、ある程度は先生の能力差をフォローできるはずだ。その考えのもとに文科省はじめ、教育現場でもさまざまな支援が図られているのだが、まったく足りていない。

そもそも、現状の学校の仕組みそのものが、いじめ防止対策推進法とうまく適合していない。たとえば、第十八条には、次のように書かれている。

国及び地方公共団体は、いじめを受けた児童等又はその保護者に対する支援、いじめを行った児童等に対する指導又はその保護者に対する助言その他のいじめの防止等のための対策が専門的知識に基づき適切に行われるよう、教員の養成及び研修の充実を通じた教員の資質の向上、生徒指導に係る体制等の充実のための教諭、養護教諭その他の教員の配置、心理、福祉等に関する専門的知識を有する者であっていじめの防止を含む教育相談に応じるものの確保、いじめへの対処に関し助言を行うために学校の求めに応じて派遣される者の確保等必要な措置を講ずるものとする。

この条文を読むとわかるように、教員だけでなく、心理カウンセラーのような専門家を確保し、学校に配置することになっている。実際、法律に基づき、各学校に心理カウンセラーが置かれる体制は一応整っている。

だが、大きな問題がある。学校の組織上、心理カウンセラーは基本的には学校長の直下に置かれることになっている。結果として、ほとんどのカウンセラーが校長に逆らえない状況なのだ。

また、直接のクライアントは教育委員会であるため、カウンセラーは校長や教育委員会に情報開示を求められたら拒否しづらく、結果的にカウンセラーの生徒に対する守秘義務が完全には守られていない状態にあるのだ。

スクールカウンセラーは高い意識をもって問題にあたる人が多く、いじめに気づいたら即座に対処しようとするのだが、彼らは自由に動けない。

しかも、数校の掛け持ちが一般的であるため一校には週1回程度しか入れず、十分なカウンセリングができないことが多い。生徒たちにとって、スクールカウンセラーが駆け込み寺として認識されているかというと、なかなか微妙なところだ。

一方、養護教諭、いわゆる保健室の先生が逃げ場として機能している学校は多い。不登校の子どもたちに保健室登校が比較的受け入れられやすいのは、養護教諭が話しやすく、じっくりと話を聞いてくれる存在として認識されているからだろう。しかし、養護教諭についても、査定するのは学校長なので、最終的には逆らうことはむずかしい。

学校長次第の危うさ

このように、どうしても「学校長次第」になってしまうのが、現在の公立校の現状だ。私学だとすべてが理事会で決められるわけだから、この傾向に拍車がかかるのはいうまでもない。

では、権限の集まる校長に対し、「いじめ防止対策推進法」が何らかの罰則規定を設けているかというと、それは一つもない。罰則規定の話をすると、彼らは文字通り一丸となって大変な反対運動をするからだ。

2019年に法改正のための協議が開かれた。その際にも、いじめを放置したり、助長したりする教員については、地方公務員法の罰則規定に近いような罰則が検討され、いじめ自殺遺族の会や元被害者たちは罰則規定の制定に賛成した。しかし、全国校長会や教職員組合など、学校を運営している側の組織が全国的に反対した。

彼らの言い分では、罰則ができたら教員が萎縮《いしゅく》するというのだが、私には単なる言い逃れとしか思えない。実際、現状では適切な指導や対処をしなかった教員が簡単に逃げられる体制になっている。

「一生懸命頑張ったんですけど、うまくいきませんでした」で通ってしまうのだ。

そのため、対策をやったふりだけする教員が後を絶たない。問題が大きくなってから内容のないアンケートを取ってみたり、被害者と加害者を無理やり握手させてあたかも解決したかに見せかける学級会を開いて、かえって事態を悪化させたりしている。

こうした現状に危機感を持つ人間は少なくない。いじめ防止対策推進法の制定にかかわった国会議員などもそうである。私はそういった議員とも意見交換することがあるが、彼らは現状を大変憂慮している。遺族会などから法改正の話が出るたびに、実効性が十分でない法律になってしまっていることを、反省しているのだ。法を運用するのは、議員ではなく教育現場の人たちである。その人々の意識が驚くほど低いという事実に愕然《がくぜん》としているところもある。

文科大臣・馳浩《はせひろし》氏の下で法改正が検討された際にもひと悶着《もんちゃく》あった。２０１９年４～５月のことである。

超党派の議員連盟は罰則規定のほか、定義の限定解釈の禁止や第三者委員会は利害関係のない人で作らなければならないと明記するなど、明らかに改善となる内容を盛り込んだ。

ところが最終的に馳文科大臣が出してきた座長試案は、教育団体からの意見をすべてくみ取ったものになっていた。そんなものが通れば完全な後退である。定義ひとつをとっても、学校がいじめと確認できたものだけをいじめとするという昭和61年時の内容に戻そうとしていたほどだ。

この案は、各方面の大きな反発を受け、幸いなことに採用されることはなかったが、それほどまでに現場の抵抗は大きい。とにかく、極力教育現場の「いじめ」を見えなくしたいという本音が浮き彫りになったかたちだ。

もちろん、現場の先生の中には、法律をより厳しくするべきだと考える人がいるし、事例教育を徹底すべきだと考えて率先してやっている人たちもいる。

だが、残念ながら、そういう先生はあまり出世しない。

校長でも、校長会の中で地位についている人と、現場をメインに考えている人では考え方が大きく異なる。

現場側の人たちは、予防教育を熱心に行う。生徒をはじめ、教員にも研修を受けさせるし、ディスカッションをさせて意識を養成し、校長先生が直接指導に入ることもする。そういう先生は知識欲もあるので、私や大学の先生にも事例を提供してほしいと要請してきたりする。

早期発見することによって、被害者側のダメージも少ないうちに解消を図っていくことの大切さを理解しているのだ。

先ほども少し述べたが、こうした先生の下では、むしろいじめの認知件数は多くなる。なぜなら、どんな小さな芽もいじめと捉え、きちんと報告するからだ。

彼らは、いじめを当然発生しうるものと捉え、不都合な事実だと思っていない。

一方、出世するタイプの校長は、いじめは不都合な事実であり、できるだけ隠さなければならないと考える。結果、報告されないので数字としてはいじめ件数は少ないが、いつか重大事態が発生し、場合によっては最悪の結果を生むことになるのだ。

教育的なアプローチは限界だ

「いじめ防止対策推進法」は、学校教育法を超えない範囲で、児童生徒を出席停止させることができると定めている。

何度も指導を繰り返しても、加害者の態度が改善せず、やむをえず被害者が転校するなどの事例が後を絶たない。そこで学校側が出席停止を行うことができることが法律的にも保障された。

しかし実際に教育機関は、出席停止を積極的には行っていない。文科省発表の資料によれば、いじめる児童生徒への対応として、平成29年度（２０１７）の出席停止は、小学校で1件、中学校は０件だ。高等学校の停学は４９１件、特別支援学校は15件だが、構成比でみれば、それぞれ３・３％、０・７％だ（「平成29年度 児童生徒の問題行動・不登校等生徒指導上の諸課題に関する調査結果について」文科省初等中等教育局）。全国には小中高および特別支援学校を合わせて、３万６２００校があるから件数的には限りなくゼロに近い。

「子どもの教育を受ける権利」を保障するためという大前提があり、いじめ対応の中でも主に「教育的なアプローチ」が好んで採用されてきた。教育的アプローチというのは、被害者、加害者というふうに分けず、そこには指導すべき児童生徒がいるという考え方だ。教育の保障を確保しつつ、学校で繰り返し秩序を乱す場合などに出席停止をするということである。懲罰ではない。

もちろん、早期に発見され対処される軽微ないじめはこの教育的アプローチで十分効果がある。ところが、対応が後手となり、被害児童が不登校となって、心身ともに回復が難しくなるような場合、教育的アプローチは、特に被害者側の不信を招く。さらに教育的指導が効果を失い、新たな被害者を生み出したり、加害グループが増長し、常態的にいじめがある環境を許してしまう。

いじめ加害者への出席停止処分は、法改正などを行わない限り、ほぼ実行されることのない制度だといえる。

もはや、教育的アプローチは限界を迎えている。

第三章　学校の機能不全はなぜ起こるのか

第二章ではいじめを問題視した国が法律を作り、文科省が丁寧なガイドラインを作ったにもかかわらず、それが浸透していない現状を紹介した。

ではなぜ学校、教育委員会はいじめを認めることに対して、そこまでかたくななのだろうか。

本章では私が対応した事例を紹介しながら、その原因に迫っていきたいと思う。

いじめ対策をしたがらない学校

ある事例を紹介したい。

いじめの対象になったのは引っ越して転校してきたばかりの生徒だった。いじめの内容は、靴や体操着を盗まれ、隠されるという典型的なものだったが、被害生徒はまだ周囲となじみきれていないこともあり、校内で協力者を探すのは難しかった。

そこで、私はまず担任にアポイントメントを取り、話をしてみることにした。すると、教員は似たような事例が毎年のように起こっている、という。なぜ放置してきたのかと呆《あき》れた。今まで重大事態に至らなかったのはただ幸運だっただけである。学校側も対策をしていたが、うまくいかず困っていたという。

毎年のように盗難事件が発生しているのであれば、それは学校側の管理が甘い可能性が高い。犯罪には防犯が有効なように、「盗難が起こらない環境」を整えることで、事件の発生を防ぐことができる。教員たちは「子どもを信じている」というが、いくら信じたところで実際の被害は起きている。

そこで、私は管理方法を変えることを具体的に提案した。各自の靴を玄関先の靴箱には入れず、靴袋か何かに入れて教室まで持っていく。上履きはクラスや学年ごとに大きなケースに入れて管理し、使わない時間帯には職員室に置いておくようにする。登校時間には学級委員なり係なりがケースをみんなが見える職員室の前に出して、先生が「おはよう」などと声をかけながら見ている中で、自分の靴を探す。

この方法なら、だれもいたずらできない。体操着も同様の管理をすればいい。

人気《ひとけ》のない部屋にしまっておくと、「具合が悪くなった」などと言って保健室に行くふりをして盗んだり破ったりする可能性があるから、基本的に職員室など、いつもだれかの目がある場所に置いてはどうかと勧めた。物理的に盗みをできない状況を作るのが、作戦としては一番簡単だ。

こういう提案をすると、学校側はたいてい予算がない、などといいわけを始める。

「箱ぐらいであればこちらが購入して寄付するので、とりあえずやってみてくれませんか」

と頼んでみたが、

「すぐに返答できません。学校で検討いたします」

という。仕方なく、そのときは引き取った。往々にして学校の「検討」には時間がかかる。

一向に対策しないまま、また被害が起きたと被害生徒から連絡があった。

私は再び学校にアポイントメントを取った。そして問い詰めた。

「いったいいつまで検討しているんですか！」

そしてこう付け加えた。

「もしこのまま対策をしないのであれば、事実を公表せざるを得ません」

実は、その少し前に、私が調査に入ったことを知ったＰＴＡの役員が「うちの学校は探偵に介入されるような学校ではない」とわざわざ私にクレームを入れてきたのだ。

このようにいじめの調査をしようとすると、関係のない保護者が抵抗してくることは珍しくない。うちの子を犯人扱いするとは何事だ、というのだ。人権侵害だとか、子どもたちが疑われた事実に傷つくとか、とにかくいろんな理屈をつけてくるのだが、彼らの視野には今現在苦しみ、人権侵害を受けている生徒の姿は入っていない。

また、私立の進学校や学力の高い公立の場合は、こんなことでいちいち授業を止められると困る、評判が下がるなどといって親子ともども訴えてくる。自分は関係ないのだから別でやってくれというのだ。

だが、今起こっているいじめは、本当に自分には関係ないことなのだろうか。少し考えを巡らせれば、他人事《ひとごと》として扱ってよいことではないのがわかるはずだ。

この学校のケースでは、そのＰＴＡの役員に、

「いや、実際にいじめが起きているし、学校もＰＴＡも止められないじゃないですか」

と反論すると黙ってしまった。そのうえで、私が調査に入らなくてもやり方次第で窃盗行為を防ぐ方法を学校側に提案したことを説明すると、その人も納得してくれた。

学校側は、予算がないというういいわけが通用しなくなったのを悟ったのか、今度は「子どもたちは突然のルール変更に戸惑うかもしれない」と言ってきた。そこで私は、「ちょっとしたゲーム要素を入れてはどうか」と提案した。どのクラスが一番早く箱を空にできるか競う形でゲーム化することで、違和感なく受け入れられるようにすればいいのだ。

学校側はそれでも「教員の負担が」などと「できない理由」を並べ立てていたが、そのときにはすでにPTAの理解を得ており、PTAの側から「登下校の旗振りなどのついでにみんなで分担すればできるのではないか」と申し出てくれた。

結果、学校側も受け入れざるを得なくなり、しぶしぶやってみることになった。

すると、当然ながら犯行はピタリと収まった。できない環境を作れば、やらないのだ。相談者は、いじめがなくなればそれでいいというスタンスだったので、私もそれ以上の犯人捜しはしなかった。

その代わり、学校側には予防教育の実施を強く要請し、このケースは幕を閉じたのだった。

思考停止に陥る教師、隠蔽に力を注ぐ学校

いじめは基本的に学校の中で起こる。塾や習い事教室でも起こることはあるが、深刻度は比

べものにならない。日中のほとんどを学校で過ごすのだから当然だろう。そのため、いじめ防止対策推進法は、学校に対してもっとも厳しく要求を突き付けている。

しかし、法の成立で学校のいじめへの対応が劇的に改善されたかというと、決してそんなことはない。相変わらずいじめは起き続けているし、隠蔽《いんぺい》体質は変わらない。

そうした中、２０１９年10月に世間を驚かせる事件が表面化した。神戸《こうべ》市の、教員間いじめ事件である。朝日新聞が10月４日に第一報としてネット配信した事件の概要は次の通りだ。

神戸市教育委員会は４日、市立東須磨小学校（須磨区）の教員間で、暴言・暴力などのいじめ行為や、性的な嫌がらせなどのハラスメント行為が相次いでいたと発表した。20代の男性教員が体調を崩して学校を休んでいるほか、別の20代の教員３人も被害を受けたという。市教委は加害行為をしたとされる30～40代の教諭４人を業務から外し、処分を検討している。

市教委によると、加害側の４人は30代の男性３人と40代の女性１人。いずれも同校で「リーダー的な立場」だったという。

（２０１９年10月４日20時44分配信記事）

子どもを指導する立場の教師たちが、長期間にわたり集団で後輩いじめを行っていた。

この事件は世間を驚かせたが、私にしてみれば目新しいところは一つもない。学校の職員室という閉じた環境で、パワハラ体質の校長や先輩教員がいると、教師間のいじめはほぼ100パーセント発生する。表沙汰《おもてざた》になっていないだけだ。

その内容の衝撃性で一時はワイドショーなどもこの話題一色になったが、「いじめ」の中身が明らかになるにつれ、怒りよりも呆《あき》れの空気が強くなっていったように思う。やっていることがあまりに幼稚だったからだ。SNSを使ったり、いじめ現場の動画や画像を撮影してシェアしたりしていたありさまは、彼らが指導している子どもたちのやり口と寸分違《たが》わない。

ほぼすべてが犯罪行為であり、ここまでのことをやろうとすれば、普通ならばほかの教員や管理職からきつく咎《とが》められる。この事件においても、学校側は6月には複数の被害教員以外からの相談でいじめ行為を把握し、翌月には市教委に「過度にからかう行為があり、教員を指導した」と報告したという。

だが、学校と市教委はそこでアクションを終わらせていた。9月になり、被害を受けた教員が学校を休んでいる理由について家族から説明するように要求があり、市教委はそこでようやく重い腰を上げた。そして、10月になって記者会見がされたのである。いじめが始まったのは2017年というから、およそ2年近い歳月にわたり被害は看過されてきたのだ。

では、なぜこうした事態になったのか。それは学校全体にモラルハザードが起こっているからだ。

スクールカーストという言葉を聞いたことがあるだろうか。比較的最近、一般的になってきた言葉だが、デジタル大辞泉では次のように定義している。

〈スクールカースト〉

　学校のクラス内で、勉強以外の能力や容姿などにより各人が格付けされ、階層が形成された状態。階層間の交流が分断され、上位の者が下位の者を軽んじる傾向があることから、いじめの背景の一つともみなされている。インドのカースト制になぞらえた語。学級階層。

　読めば、現代の学校に通ったことがある人間なら誰でも「ああ、あの空気のことか」と腑《ふ》に落ちるかと思う。

　スクールカーストは今に始まったことではない。同様のことは職員室内でも起こっていたのだ。

　子どもたちは、教師の振る舞いをよく観察している。職員室でいじめがあれば当然教室でその真似をするし、教員の注意を聞き入れなくなる。当たり前のことだ。神戸市の事例は確かに行きすぎではあるが、似たような事案はどこでも起きている。

　教員間でのいじめやパワハラがあるような学校では、生徒たちの間に常態化したいじめが起こりやすい、というのは私が仕事から得た実感だ。

　上流が濁っているのに、下流がきれいになるはずがない。

教員どうしが非協力的な理由

学校でいじめが起きたとき、最初に対応しなければならないのは担任教師である。その教員では対応がむずかしいとなればどうか。一般的な組織では同僚や上司も介入して、一丸となって問題解決にあたる。

ところが、学校では少々事情が異なる。教員の間には「クラスで起きたことは担任がすべて解決すべき」という考え方があり、例えばとなりのクラスの担任がいじめに気づいたとしても、指摘すること自体がむずかしい学校が多い。歪《ゆが》んだ自主独立論がまかり通っている。

こんなことがあった。北関東《きたかんとう》のある町で起きた事例だ。発端は保護者からの相談だった。いじめの内容は、無視やもの隠しという一般的なものだ。被害生徒は小学4年生の女の子で、仮にBちゃんとしよう。

Bちゃんは当初、親に被害を隠していた。気づいたのは母親だ。このご家庭では、子どもは学校から帰宅後の夕食前、リビングで勉強する決まりになっていた。ところが、ある時期から急に「自分の部屋でする」といいはじめた。母親は、思春期の入り口に差し掛かったのかもしれないと思ったが、どうも様子がおかしい。ノートや教科書を見せるように言っても決して出そうとせず、なんとか出させてみたところ、ひどい落書きがしてあった。

尋ねると本人は自分が書いたという。粘り強く問い詰めたところ、「だれかにやられた」と認めた。ただ、だれがやっているかはよくわからないという。

Bちゃんと母親の関係は良好だった。それでも、いじめられている事実をいえなかった。心配をかけたくない。いじめられているみじめな姿はみせたくない。子どもは子どもなりにプライドがある。

だが、一度話し始めると、Bちゃんはクラスの状況を正直に打ち明けた。その内容に、母親は唖然《あぜん》とした。クラスは学級崩壊に陥っていると推測できたのだ。

担任は若い女性の教員だったが、一部の生徒が彼女をなめてかかり、制御不能な状態のようだった。その中でいじめが起き、Bちゃんはターゲットにされていた。学校に行くのが怖い、何をされるかわからないと訴えた。

母親はすぐさま学校に連絡して対応を要請したが、学校の動きは鈍かった。何度か要請したにもかかわらず、ほとんど何もしなかった。

藁《わら》にもすがる思いで私に相談してきたのだった。

私は、落書きされた教科書や壊された持ちものを保存すること、登校時にICレコーダーを持たせ、Bちゃんがクラスで浴びせかけられている悪口雑言を録音することを勧めた。母親はその通りにし、しばらくしていじめの証拠がそろった。

私は母親に、再度、学校に連絡して、証拠を見せた上でいじめ対策を要請するようアドバイスした。それでも学校は動かなかった。その間もBちゃんへのいじめは続いている。やむをえず私は母親に同行し、学校側と交渉することになった。

訪ねていった学校は異様な雰囲気だった。職員室は、各机がパーティションで仕切られ、お互いの顔が見えない。教員たちは黙々と机に向かい、コミュニケーションをしている様子もない。校長室もドアが閉ざされていた。

学校長も学年主任も、担任に対して「君のクラスで起きたことなんだから、君が対処しなさい」といって関わろうとしない。

私は、２０１３年にできた法律「いじめ防止対策推進法」のガイドラインを引き合いにして、「みんなで対処しなくてはいけないのではないですか」と問いかけたのだが、聞く耳を持とうとしない。

それどころか、「対処してもいいけど、担任の評価が落ちてしまう」と、まるでその先生のことを思って手を出さないかのようなことをいう。まったくの詭弁《きべん》である。

その担任は、私ときちんと話ができず、うつ状態のように思えた。私はいったん学校から引き上げ、後日学校から離れた場所で担任に話を聞くことにした。

最初は警戒していた担任も、やがてポツリ、ポツリと話し出した。内容は予想通りだった。職員室の中でも、いじめが起きていたのだ。

提出書類の書き方を教えず、あえてミスさせたり、重要書類を隠すなどの嫌がらせを受けていた。わざわざ生徒たちの前で強く叱責《しっせき》しメンツをつぶしたり、授業のやり方や指導方法を否定し、指導員がＯＫするまで居残りさせるなどのパワー・ハラスメントも発生していた。

職員室のいじめだけではなく、クラスも崩壊していた。Ｂちゃんの母親に加え、ほかの保護者からもさまざまな問い合わせが来ている状態だった。中には強硬的な親もいた。まさに四面楚歌《そか》だったのだ。

私がヒアリングした限り、担任は加療が必要だと思えた。私は、休職を勧めた。一時的には挫折《ざせつ》感を味わうかもしれないが、きちんと心のケアをしてからもう一度立ち上がったほうが長い目でみればいいことだし、今のままでは生徒たちのためにもならない、そう伝えた。担任はだれかにそう言ってほしかったのかもしれない。最終的に私の提案を受け入れた。

学校から教員がひとりいなくなったからといって、すぐに補充人員が来るわけではない。しばらくの間は副校長などの管理職が代打に入らざるを得ない。そういう流れになったときに困るのは学校長だ。これまでは傍観者だったのかもしれないが、もう無視はできない。

校長や副校長、主幹教諭が交代でクラスに入り、学級崩壊、そしていじめの実態を目の当たりにした。さすがに学校も動くことになった。

まずクラスの生徒一人ひとりと教員が面談をし、全体の状況を把握することから始めた。その中で、表面化していなかったいじめも発覚していった。そこで、普通の生徒と、学級崩壊の原因となっている生徒を分け、後者を別のクラスに移すことにした。

その中にはいじめの加害者が入っていたので、Ｂちゃんへのいじめはひとまず解決したのだった。

すり切れる教員たち

いじめ防止対策推進法やいじめ対応のガイドラインには、担任だけでなく、学校は元より各行政機関も地域社会も家庭もみんな一丸となっていじめ問題に対応することが定められている（第三条三項）。具体的には、必ず「いじめ防止対策委員会」を作り、そこに所属する人たちが組織で動くことになっている。

しかし、教員に協働文化がないからなのか、私が調査に行くところではほとんど機能していない。結果として、真剣にいじめ問題に取り組む教員しか動かず、一人で丸抱えすることになる。こういう先生は過重労働となり、精神的にも追い詰められ、最終的にはすり切れてしまう。本気で子どものことを考える先生ほど、いつ死を選んでもおかしくない状況に追い詰められてしまう。

まじめな先生ほどいわゆるモンスター・ペアレントの標的にもなりやすい。外部からは責められ、内部の助けは得られず、指導力不足の教員の烙印《らくいん》を押されてしまう。調査をとおして四面楚歌に苦しむ教員がいかに多いかを目の当たりにし、本当にやり切れない思いがする。

私は、そういう先生に何かできないかと声をかける。先生側も藁にもすがる思いなのか、素直に振り向いてくれることが多い。いじめの被害者だけでなく、誠心誠意尽くそうとする教員にもまた助けが必要なのだ。

一方で、いじめを見て見ぬふりする教員も少なくない。

彼らにしてみれば、学校内のいじめは「卒業したら終わり」である。よほどひどくならない限り、数年の我慢なのだから事を荒立てる必要はないと本気で考えている。

このタイプの教員には、想像力の欠如した人物が多いように思う。

大人には数年の歳月などあっという間だが、子どもにとって1年は長く、濃い。しかも、登校は半ば強制である。基本的に行かなければならない場所で、1日数時間の苦痛に耐えなければならない。それがどれほど苦しい状況か、少し考えてみればわかる。大人だって耐えられないのは、本章の最初に紹介した教師同士のいじめ事案を見れば明らかである。

それなのに、彼らは「いじめ」を被害者の沈黙によって、なかったことにしようとする。中には、いじめへの対応を被害生徒自身が不要と判断した、といい張る教員もいる。怪訝《けげん》に思い、よくよく話を聞いてみると、ほとんど誘導したとしか思えない形で質問していたりするので怒りを通り越して、呆れてしまう。

たとえば、靴を隠された子がいるとしよう。もし、教師が、「犯人は先生が絶対捕まえてやるからな」と言えば、生徒はなによりも心強く感じるだろう。しかし、「こういうのは見つからないもんだよ。犯人捜しをしても、本人が名乗り出てこない限りわからないし、みんな疑われたと思って嫌な気分になるだけだろう？　今回はちょっと我慢してくれよ」と言われたらどうだろう。たとえ内心では犯人を見つけてほしいと思っていてもうなずかざるを得ないし、なによりも先生の言動に茫然《ぼうぜん》としてしまうのではないか。

ちなみにこれは作り話ではない。私が関わった案件で実際に交わされた会話である。

とにかく、事なかれ主義、あるいは面倒ごとは封殺主義の教師は、事態を過小評価し、対応しない理由はいくらでも見つけてくる。この手の先生は少なからずいる。

面倒ごとは封殺主義

何が彼らをそういう行動に走らせるのだろうか。答えは「多忙」である。実際に勤務時間の統計調査を見ると、日本の教員は国際的に見ても働きすぎだ。ＯＥＣＤの調査によると、小学校も中学校も、どちらもダントツの1位となっている（表6、7）。

基本的に日本の教師のレベルは高いと思う。少なくともバブル期以降に教師になったような人たちは、高度成長期の「でもしか先生」とは違い、明確な目的意識を持って教師を目指した人たちがほとんどである。子どもと関わるのだから面倒な仕事であることは織り込み済みだ。最初から事なかれ主義だった人などいないだろう。

しかし、そんな彼らが、子どもたちに真剣に向かい合う気力をなくすほど、教育以外の事務仕事や保護者対応などで時間を奪われてしまっている。

まず挙げるべきは、書類仕事の多さだろう。原因を作っているのは文部科学省や教育委員会

1位	日本	54.4時間
2位	イングランド	48.3時間
3位	ベトナム	43.7時間
3位	オーストラリア	43.7時間
⋮	⋮	⋮
最下位	トルコ	31.7時間

表6　1週間当たりの小学校教員の勤務時間（国立教育政策研究所のHPより）

1位	日本	56.0時間
2位	カザフスタン	48.8時間
3位	アルバータ（カナダ）	47.0時間
⋮	⋮	⋮
最下位	ジョージア	23.5時間

表7　1週間当たりの中学校教員の勤務時間（表6と同）

などの上部組織だ。とにかく提出書類が多い。しかし、場合によってはその書類で評価されたりするから、出さないわけにいかない。

また親への対応も今は大きな労力を割かれる。言葉づかいや態度はもちろん、服装や持ちものにまで目を光らせている親がいるというから、完全にクレーマーである。そういう親ほど、子どもが自分自身で指の端っこを噛《か》んで血が出たぐらいのことでも、学校で何かあったのではないかと電話をしてきたりする。

担任であっても、一人一人の生徒を四六時中監視しているわけではない。しかし、親の理屈では「担任なのになぜ知らないのか。職務怠慢だ」となる。これも作り話ではなく、実際にある先生から聞いた話である。

これらに加え、教科の準備や実習、年間行事の準備、ＰＴＡの対応、地域行事の参加など、教員の業務は多岐にわたる。こんな環境では、疲弊しないほうがおかしい。私も先生たちには同情してしまう。

文科省や教育委員会は教員たちの置かれた現状をつぶさに見てほしい。先生たちは本当に疲弊し、それゆえ子どもたちの命も危険に晒《さら》されてしまっている。

そのうえで教員の方には、やはりやらなければいけないときがあるのだとお伝えしたい。特に、生徒が命の危機に瀕《ひん》しているような状況においては、何をおいても最優先事項なのは私がいうまでもないだろう。

私もいざ、いじめ案件に関わると、本業のかたわら睡眠時間が1日30分というときもある。このままでは、子どもの命が失われてしまうかもしれない、あるいは一生消えない傷を心身に残してしまうかもしれないという危機感があるからだ。口幅ったい言い方だが、使命感ともいえる。

先生方もそういった思いはだれよりも強いはずだ。少し前の調査になるが、文科省が2009年に出した報告書は、「中学・高校教師の5人に1人は生徒の自殺に、3人に1人は自殺未遂に遭遇したことがあるという調査結果もあります」としている（「教師が知っておきたい子どもの自殺予防」のマニュアル及びリーフレット）。自殺の原因はいじめだけではないが、いじめ事案は最優先案件だということを今一度確認してほしい。

いじめ対応は評価につながらない

学校がいじめに対応したがらない理由はもう一つあると考える。それは、いじめ対策はいくらやったところで学校の評価に関わってこないからだ。

全国学力診断テストの点数ならば高ければ高いほど教育委員会は評価するし、校長の株があがる。また、スポーツの全国大会での優勝のようなわかりやすい成果も評価の対象になる。

しかし、いじめを円満に解決に導いても評価につながらない。逆にいえば、放置していても評価に響かない。いじめ対策のモチベーションもおのずと下がる。

都道府県によっては、生徒に対してクラスにおけるいじめの有無を聞くアンケートを年に2回以上やりなさいと定めている。そのお達しは教育委員会からくるので、よほどのことがない限り学校は従っている。

私はこういったアンケートをいろいろ見たことがあるが、そのほとんどはいじめにのみ焦点を当てるのではなく、「生活アンケート」の名で、学校生活全般の困りごとを問う内容になっている。そのため、答えるべき項目数がけっこう多い。たくさんのなかの一項目として「いじめを見たり聞いたりしたことはありませんか」と入っている。生徒たちも面倒になって、いい加減に答えてしまうこともあるのではないか。

校長や学年主任が1年に1度ほど生徒に個別面談をするよう定めている自治体もある。しかし、これもまた「やっている」実績を作ることに重きが置かれ、実効性のある面談になっているかは疑問だ。何かあったときに「ほら、この通りやっていましたよ」と示す、一種のアリバイ作りとしか思えないような面談もある。私が知る限り、いじめ防止対策推進法に準じて、なにか際立った対策をやっている学校は指で数えられるほどしかない。

そもそもいじめで学校に通えないという生徒がいても、学校はそれを認めたがらない。文科省は、病気または経済的理由による場合を除き、年間30日以上登校できない場合を「不登校」としている（「不登校の現状に関する認識」）。しかしこれが隠れみのとなった。

49ページでも述べたように文科省は欠席日数30日にこだわるべきではないと通達しているの

だが……。

問題を持ってくるくらいなら学校に来ないでほしい、と思っている教師もいることだろう。口に出すほど迂闊《うかつ》ではないが、私はそういった雰囲気をひしひしと感じることがある。本音を言えば、面倒くさい事案なのだ。

特に、私のような立場の人間がしゃしゃり出ていくと、教員たちにとって面倒くささは倍増する。面倒くさいだけならまだしも、害虫のように見えているのではないかと感じることもある。いじめに関わるようになったばかりのころは、探偵と名乗ると門前払いは当たり前で、水をかけられたり、警察に通報されたことさえあった。

少しずつ実績を重ね、いじめの問題についてテレビで特集されたり本を書いたり、先生たちが読む「教育新聞」でコラムを書いたりしたことによって、教育業界内では多少認知されるようになりそうした扱いは受けなくなった。だが今度は逆に、その場にいるだけで圧力と捉《とら》えられることも出てきた。

最近では、話をするために学校に行くと、私が何も言わないうちから、先方が萎縮《いしゅく》してしまっていることもある。お茶を出そうとしても手が震えて、茶碗《ちゃわん》がカチャカチャいっていることもある。

私は決して強面《こわもて》なタイプではないし、相手に対して威圧的に出るようなことはしない。一番の目的はいじめ被害の撲滅であり、それには学校の協力が不可欠であると考えている。敵対など百害あって一利なしだ。

しかし、事あらば責められる学校側は、過剰反応してくる。これまで述べてきたように、学校の職場では相互協力の文化が乏しいと私は感じている。それゆえか、私を「いじめ問題をともに解決するパートナー」と考えられず、自分たちの不作為を糾弾しにきた敵と捉えてしまうようだ。

一方で、私をうまく使う学校もある。

ある学校は、いじめ対策がほとんど行われておらず、いじめが発覚するころには、すでに対策は後手後手となっていた。私は被害生徒の保護者の前では落ち着いていたが、校長らを前にすると怒りを抑えきれず、「隠蔽するつもりか！」と迫るほどだった。

そもそものいじめ対策がおろそかな上、教職員に本格的ないじめ対応の経験がほとんどなかった。いじめ対応をやれ、と言われてもできないのが本音だろうと気づいた私は、被害生徒の保護者を先に帰らせ、校長らと事実確認をしつつ、どこでどの手が打てたかという反省会をした。

そして、加害者側には反省の念がしっかりと根付くように別室指導をすることにしてもらい、被害にあっている生徒と保護者が安心できるように被害生徒の保護者が手配した補助要員を教室につけることなどの配置を決めた。加害者から被害者への謝罪の場も設けた。

私が被害者側からの要請で来ていることからわかるとおり、私と被害者側は信頼関係を築いており、すでに信頼関係が崩壊している学校側と被害者側が直接対話するより対応はスムーズだった。つまり、学校側は、私をうまく使いつつも、被害者側からの要望をきっちり捉え、解決をはかったのだ。

現場に蔓延《まんえん》する保身の空気に加え、「いじめ」という問題に対する教員の感覚麻痺《まひ》というか、鈍感さも影響していると思う。

教員が最低限受けているべきいじめの予防教育ですら、実施している学校は、私の知る限りほとんどない。そもそも、教員がいじめの定義を答えられないのだ。特に年配の先生ほど、いじめに対する認識が数十年前のままストップしている。

私はそのたびに、いじめ防止対策推進法に明記されている「いじめの定義」を一からレクチャーすることになる。

長年教師をやっていて、いじめ問題に遭遇したことがない、などという先生はいないだろう。たしかにちょっと黙っていたら自然と収まるパターンも多い。子どものいじめの場合、被害者と加害者の転換はよく起こる。子どもは、実に些細《ささい》なことをきっかけに「いじめ」を始める。教師にしてみればそれを「いざこざ」にしておく方が楽だ。

だから、いざ一人が長期間にわたって常態的にいじめられ、被害生徒が逃げ場のない状態になり、通学できなくなっても、本人が何もいわない限り「ただの不登校」にしてしまう。

そんなとき、私のような者が出ていくと、慌て、焦り、恐慌状態に陥るのだ。第三者が入って来ると、それまでなあなあで済ませていたものがそうはいかなくなる。

けれども、何か対策をしようにも、経験値も知識もないから、手の打ちようがない。いじめ解消の定義も知らないから、まったく問題解決がなされていないのに、「解消しました」と悪びれずに報告してくる。なにをしたかと聞くと、「謝罪の会」をして双方に握手をさせた、などという。

最近よく行われているこの「謝罪の会」も常識的に考えておかしい。いじめの加害者と被害者を面と向かって握手させ、「さあこれで水に流しましょう」として、形だけでとりつくろっても解決になるわけがない。

さらに厄介なことがある。

教員が解決と結論づけたものの、根本的な解決には至らず、被害者側がさらなる対応を求めた場合、教員は自分が手打ちの場まで作ってあげたのになぜそれを受け入れないのだ、と被害者に対して攻撃を始める。

彼らにしてみれば、被害者の感情よりも、自分の努力（したと本人は思っている）が受け入れられる方が大事なのだ。一方、加害者側は見た目しおらしくなっているので、教員にしてみれば自分のいうことを聞いてくれたかわいい生徒、となる。受け入れない被害者が悪者になる。

事態を悪化させる教師は、押しなべて傷ついている子どもに対する対応が杜撰《ずさん》であり、乱暴だ。

もちろん、意識が高く、きちんとした対応ができる先生もたくさんいる。当然ながら、そうした学校ではいじめが発生しても初動が早いので、早々に芽を摘むことができるため、私の耳目にふれないのだと思う。私が出張るまでもない学校の方が多いはずなのだ。少なくとも、私はそう信じたい。

先生の質は本当にバラバラだ。根はいい人なのだろう、と思える人もいれば、殴ってやろうかと思うような人間もいる。ただ、私が対面するような教員は総じて知識量が足りない。だから私が出ていくほどの事態を招いてしまうのである。

これは当人の問題もあるが、明らかに学校長や教育委員会といった管理職の責任だ。組織は人だ。どれだけきちんとした組織を作っても、上に立つ人間がいい加減であれば機能しない。

教育委員会が持つ学校への絶大な影響力

新聞で報道されるほどのいじめ事件が発生すると必ず登場する教育委員会だが、どういう組織なのかは意外に知られていない。「学校の上位組織」という漠然としたイメージを持っているだけだ。

まずは教育委員会の概要を確認しておこうと思う。

教育委員会は、昭和23年（１９４８）、教育委員会法により地方公共団体（都道府県・政令指定都市・市区町村）に設置された行政委員会の名称だ。行政委員会とは特定の分野において監督官庁等から独立して職権行使する地位が認められている行政機関で、教育委員会は教育行政、つまり教育に関する一切の事務を掌握する。第二次世界大戦後、教育が戦争を後押しした反省から、教育の民主化・地方分権化を実現するための仕組みとして導入された。

仕事は、地方教育行政の政策・施策を決定し、執行すること。学校の管理だけでなく、地域の文化・スポーツの振興事業も受け持つ、いわば教育行政の要《かなめ》となる存在だ。

委員会を構成するのは、教育長と2～5人以上の委員である。彼らは特別職地方公務員だが、必ずしも教職資格を持っていなくてもよい。現場から叩《たた》き上げの教員がなることもあるが、PTA役員の経験者や大学教授、町内会役員など、いわゆる「土地の名士」が任命されることも少なくない。地方教育行政法のさだめによると、委員は、「当該地方公共団体の長の被選挙権を有する者で、人格が高潔で、教育、学術及び文化に関し識見を有するもの」とあるが……。

いずれにせよ、教育委員会は教育問題のエキスパートではない。名誉職といったらいいすぎだろうか。現場を知っていて、かつ熱意ある人物がその任に就いているとは限らないのだ。

2017年には、東京電力福島第一原発事故の影響で、福島県から横浜市に自主避難した男子生徒へのいじめ問題が発覚した。この男子生徒は小学校で総額150万円にも上る恐喝を受けていたにもかかわらず、横浜市の教育長は、「おごってもらう関係なのでいじめと認定するのは難しい」と発言し、大きな批判を浴びた。この教育長が教育の現場を知っていたとは到底思えない発言だ。報道などによれば、もともと市の職員で、市長に任命されて要職に就いたようだ。

　このように任命権を持つのは各自治体の長で、議会の同意を得て任命される。

　なお、一般的には委員会を補佐する事務局も併せた組織全体を指して「教育委員会」と呼ぶことも多い。しかし、正確には教育長とその下にいる数名の教育委員のみが「教育委員会」の実態なのである。

　では、なぜ彼らが教育現場である学校に強い影響力を持つのだろうか。

　それは、教育委員会が、所管に属する学校に対してさまざまな面で管理する権限を持つからだ。ちなみに小・中学校は市町村、高校は都道府県が管轄している。

　教育委員会は学校そのものの存廃から予算管理、さらに職員の人事権を持つ。さらに、使用教材や施設・教具の選定、職員の研修など、学校に関わるほぼすべての事柄に対して決定権を持っている。

　要するに、会社における取締役会のようなものなのだ。そんな絶大な権力を持つ組織だが、2015年に大きな転換点を迎えた。

　きっかけになったのは、やはりいじめ事件だった。前出の大津市中学生自殺事件をはじめとした過去十数年のいじめ自殺案件、および2012年に大阪市立桜宮《さくらのみや》高校で発生した体罰自殺事件など、各地で起こった最悪の事件において、教育委員会がほとんど機能しなかったことで一般社会からの風当たりが強くなったのだ。

このときの議論では、教育委員会の実質的廃止も取りざたされた。しかし、教育行政の政治的中立性を維持するため、執行機関として残ることになった。

一方、それまでは議長に過ぎなかった「教育長」が明確に責任者となり、教育委員会への自治体首長の権限が強化されるなど、教育委員会の独立性は大きく後退した。それでもなお、教育現場への影響力は削《そ》がれていない。人・物・金の管理権限は従来どおりだからだ。

本章では、なぜ学校がいじめ問題に直面すると機能不全に陥るのかについて説明しているが、その一つに教育委員会と学校のこうした関係性があることを知ってほしい。

教育委員会の地域による力量の差

教育委員会は各都道府県と市町村に設置されているので、地方自治体の数だけある。私は仕事柄、さまざまな教育委員会と接することも多いのだが、組織ごとのレベルの差はとても大きいと感じる。

自治体の規模が大きく、予算がある教委は比較的しっかりしていることが多い。そういうところは、予防教育用のビデオやノウハウを教えてくれる識者のリストなど、いじめ対策に必要なツールを持っている。また、人口が多い分、事件も多く、ノウハウの蓄積がある。

とはいえ、規模は大きくても何もやらないし、できないところもある。

2019年9月8日、埼玉県川口《かわぐち》市に住む男子生徒が「市教委は大ウソつき」と書いたメモを残して投身自殺した。

この生徒は16年に市立中に入学し、いじめを受けるようになった。そして、翌年4月までに三度も自殺を図り、不登校になっていた。市教委は三度目の自殺未遂から半年経った17年の秋、ようやくいじめの事実を認め、第三者委員会を設けたが、その事実を生徒側に伝えることなく、調査はほとんど進まないまま中断し、なにも解決しないまま生徒は卒業の日を迎え、彼らの対応にも絶望して自ら死を選んだ。

やっているふりを決め込んで、卒業したらおしまいにしようとしていた市教委の不作為が生んだ、最悪の結末だった。

いじめの存在を認めるのに1年半もかかるだろうか。一人の子どもの命が危機に直面しているのだ。川口市教委の異常性はここに端的に示されている。川口市では２０１７年にも女子中学生が自殺している。

しかも、信じがたいことだが、川口市の教委は同じ時期に別のいじめ事件で、文科省や県教委から55回にわたって「法に基づく対応をせよ」と指導を受けていたという。２０１９年9月に行われたその事案の裁判で、教育委員会は、いじめ防止対策推進法について、「法律として整合性を欠き、教育現場に与える弊害を看過しがたい欠陥がある」と主張したのだ。

さすがに文科省も黙っていられなかったのか、川口市の茂呂修平教育長を同省に呼び出した。私はいじめ問題に携わって15年ほどになるが、こうしたことは聞いたことがない。

呆れるのを通り越して、彼らに教育に携わる資格があるのか、根本的なところを問いたくなるが、残念ながらこのような教委は珍しくない。

法で規定された措置すらもせず、被害者の意向を無視し、調査をしているふりをする。その末に出された「調査結果」は当たり前のように自分たちの組織を守ることが優先され、都合が悪い部分は悪びれもせずに隠す。

裁判になっても、裁判所から提出命令が出ている書類を捏造《ねつぞう》するなど、教委はありえない行為に出た。しかも、捏造が明らかになり裁判官から叱責を受けると、今度は書類が失われたと嘘をついて提出しなくなった。不利になる書類はすべて「紛失」なのだ。

こうしたことが続けば当然裁判所の心証は悪くなり、判決に影響を及ぼす。しかし、彼らの理屈では教育の独立がある限り判断するのは自分たちであり、裁判所も教育には入ってくる権限は持っていないと思っている。法治国家の中に、小さな違法国家が存在しているようなものだ。

書類に関していえば、学校側が出してきた資料のほとんどが捏造だった例もある。私が担当した山梨県北杜《ほくと》市の事例だ。北杜市のある公立学校の対応は極めて悪質だった。

話し合いを行っていない日を話し合い実施日と記載した。被害者の保護者から恫喝《どうかつ》されたと書いているその日の会話の録音を聞くと、怒鳴っているのは教員の方であった。このように正反対のことが臆面《おくめん》もなく書いてある。市教委側もきちんと調べもせずに学校側の言うことを鵜《う》呑《の》みにする。前提が誤っている以上、正しい判断ができるはずがない。

とんでもない状況だ。だれかの首が飛ぶぐらいではすまされない。だから、認めたくない。認めたくないから初めについた嘘がどんどん積み重なって大きくなっていく。

そもそも正確ないじめ報告書は非常にまれだ。

以前、テレビ番組に出演したときに、スタジオゲストであった橋下徹《はしもととおる》氏（元大阪府知事、元大阪市長）が、

「いじめの報告書は上がってくるものもあるが、その内容を見ると大ごとではないものも多い。（中略）もちろん、重篤なものもあるから、君みたいな人（私＝阿部のこと）がいるのは私はいいと思うよ」

と言われた。

しかし虚偽報告や文書の捏造が頻繁に行われており、いくら意識を持った首長が読んでも、報告書から実態を把握することは不可能だ。

教育委員会の事務局は2〜3年で担当業務が変わる。よって、部署異動するまで、のらりくらりとかわして自分が判断しないですむように引き延ばしにかかる。彼らにとって苦しむ生徒は眼中にない。だれもが自分と自分たちの組織しか見ていない。こうした状況がまかり通っているのが、日本の教育現場の実態だ。

責任感のない教育委員会

私が来るとわかると、校長は先回りして教育委員会の事務局担当者を同席させるパターンがよくある。教育委員会の事務局担当者というのは、教育委員会の指導課などに所属する指導主事や職員のことである。彼らは学校長が要請しない限り、学校にはまずやって来ない。校長が自分の防波堤として呼ぶのだが、ほとんどの場合、私の来校がわかってから焦って、初めて教育委員会にいじめ事案を上申するような状態だ。

多くの場合、やってくるのは「指導主事」という立場の人で、いじめ対策に知識がある専門家として会合に参加するのだが、往々にして意識が低い。

彼らもまた、よほど事実関係が明確でない限り、まず校内に「いじめ」があることを認めようとしない。

自力で校内のいじめを解決する能力がある学校ならば、保護者が私に相談する前に解決しているはずである。よって、私が関わる学校の学校長や教員たちはいじめに関して、無策であり、能力にも欠けている。さらに学校の上位組織である教育委員会の指導主事までひどいとなると、こちらも暗澹《あんたん》たる気分になる。

彼らは、一様に、起きている出来事が「いじめ」かどうかは我々が判断すると主張する。

「いじめ防止対策推進法」やガイドラインにいじめの定義はあるが、具体的に判断するときは、それぞれの解釈があるはずだと言うのだ。

いじめの定義については第二章に記したとおりだ。つまり、被害生徒が他の生徒からの行為によって「心身の苦痛」を感じているならば、それはどんなものであれ「いじめ」なのだ。

しかし、学校側も教委もその判断を拒否する。あくまでも「いじめ」かどうかを判断するのは生徒ではなく自分たちだと思い込んでいる――思い込もうとしている。

いじめが発生すれば彼らは対応を余儀なくされる。法で定められているからだ。しかし、いじめがなければ、法の縛りを受けることはなく、彼らの不作為も問題にはならない。外部から責められることもないし、評価が下がることもない。生徒が苦しんでいても、数年経てば卒業だ。おのずと解決される。あえて問題を大きくすることもないだろう――そうした発想がまかり通っている。

こうした風潮は国も把握していて、法が死に体になっている現状に「いじめの定義を限定解釈してはいけない」と総務省は勧告まで出している（平成30年）。

にもかかわらず、いじめに対して一番知識があるという指導主事が来て、学校長とともにいじめに対しては自分たちの尺度で限定解釈する、と私に宣言しているのが現実だ。

たとえば、生徒が何回も靴を隠されたとする。靴を隠すのはいじめの典型例だ。しかし、彼らは「生徒間のいざこざ」という。いざこざだから、教員は積極的に介入しないで、生徒同士の自然な成り行きに任せたほうが教育的だというのだ。

ここで気づくべきは、被害生徒が私に相談してくるまでに追い詰められているという事実だ。多くの場合、いじめにあっている子どもは、その被害をほとんど大人には漏らさない。家族や教師に相談せず、ひたすら我慢する。我慢の限度を超えるか、もしくは家族をはじめとした周囲の大人が気づくまでになって初めて、いじめの事実が明かされる。

この時点で事態はすでに「いざこざ」の範囲を超えているのは間違いない。瞬間的な「いざこざ」が長続きするはずがないし、長続きしているのであればそれは「いざこざ」ではなく「いじめ」だからだ。

さらに、被害生徒、あるいはその家族が私に相談するまでになっているのであれば、事態はそうとう深刻だ。学校へ何度も被害を訴え、対処を求めても一向に改善しない。それどころか悪化するばかりだから、「いじめ探偵」に頼らざるをえないのである。

このように常識的に考えれば、私が出てきた時点ですでに「いざこざ」という言葉に収まらないことは明らかだ。

私も、相談を受けたからといってただちに学校に乗り込んだりはしない。まずは「いじめ」の客観的証拠をそろえ、状況を整理し、学校の問題点を明らかにし、保護者の依頼を受けた上でアポイントメントを取る。

私がアポイントメントを取った時点で、どう言い逃れしようと、学校にいじめ事件が発生しているのは間違いないのだ。

いじめを認めないのはなぜか

それでも、認めさせるのにいつも一苦労だ。中には、最後の最後まで「いじめ」という言葉を使おうとしない教員や教委もいる。保身のためだ。

学校に関していえば、残念ながら校長が代わらない限り改善されることはない。しかし、校長を年度の途中で代えることは簡単ではない。

教育委員会ではキーマンとなるのは一応、教育長だ。教育長が積極的に動くことで、いじめ対応の方針が変わることもたしかにある。ただ、組織であるがゆえに単なるお飾り名誉職ということもある。

教育委員会事務局には多くの問題があるが、その中で特に問題なのは人事だ。役所の中で頻繁に人が入れ替われば、専門的な知識や経験は不足してしまう。また、どのポジションにいれば次のポストが決まるという役所でありがちな慣例人事は、自分の代で問題を起こしたくないという事無かれ主義がはびこる要因となる。つまり、教育委員会の構造や風土から根本的に見直さなければ、改善されることはない。

私が行う一般的な方法は、被害生徒を守ってくれる教員を探すことだ。一人でもいれば、その教員を味方につけて校内で生徒を守ってもらう。校長に対しては私が圧力をかけていき、生徒に不利な状況が発生しないようにする。教育委員会が入るなら、意見聴取などの過程で校長のごまかしを徹底的に指摘するし、悪質な場合には文科省にまで出向いて担当者と直接話し、指導を入れてもらうこともある。

だが、現実はうまくコトが運ぶケースばかりでない。被害生徒の転校を検討せざるをえないときもある。転校は最後の手段だ。被害を受けた人間が逃げ出さなければならないなど、極めて理不尽だからだ。

一番大事なのは被害生徒が安心して学校に通えるようになることだ。学校現場が保身と自分たちの利益しか考えないようであれば、これからも転校を余儀なくされる生徒が出てくるだろう。それができなかった子は、自死を選んでしまう可能性がある。

保身のための嘘やごまかしを恥じる心を持つ人は、学校では出世がむずかしいのではないだろうか。不正があっても見て見ぬふり、聞いて聞かぬ振りをして、スルーできる者から出世していくのだとすれば本当に残念だ。

「何をしたか」より「何も起こさなかった」が大切なのだ。だから、組織の長にあたるような人物は総じて保身力は万全だが、危機管理能力やここ一番の判断力が鈍い。

学校や教育委員会はだれのためにあり、何を守らなければならない存在なのか。保身に流れる現場の先生たちや教委には、それをもう一度考え直してほしいと切に願っている。

保護者にも気を付けてほしい点がある。過度の教員叩きは百害あって一利なし、ということだ。

前述した通り、現代の教員は極めていそがしい。さらに、校内で協力して物事にあたるという文化が育っていないため、個人の資質で大きく教育の質が変わってくる。

若い教員だと、あらゆる面で保護者より経験値が低くて当たり前だ。そういう教員に当たったときは、下に見たり叩くのではなく、育てる対象にしてほしい。

今はヒヨッコでも、上手《うま》く褒め、おだてつつもたまには叱り、上手く結果が出るように誘導してあげると強い味方になるものだ。先生になる人たちは、もともと子どもへの思い入れも強いし、基本的に賢い人たちだ。話せばわかる。育てる気持ちで付き合ってほしい。

被害者の手紙を受け取ろうともしない教育長

私はいじめ問題の調査や解決の過程で、たびたび各地の教育長と面会し、話す機会がある。前述したように教育長を任命するのは各自治体の長なので、その立場の人を介して会うのだが、そのようなとき被害を受けた子どもから手紙を預かることがある。

被害生徒は、教育委員会の中で一番偉い人ならなんとかしてくれるのではないかと思い、自分の状況と心情を直接訴えようとするのだ。

だが、私は、生徒がよほど強く希望しない限り、手紙の橋渡しはしないことにしている。なぜなら、教育長がそうした手紙を受け取って、目を通す確率は限りなくゼロに近いからである。

まず、半分は最初から受け取らない。受け取った事実を作りたくないから、自分自身は受け取らずに、部下の課長などに受け取らせる。拒否する理由は、ただひとつ。受け取ったら何らかのアクションをしなければならないからだ。

彼らはだいたい「受け取れないんです」という。まるでそういう決まりがあるかのような口ぶりだが、当然あるはずがない。

そういうとき、私は目の前で手紙を読みあげることにしている。すると大変失礼なことに、退席しようとするので、すかさず私はこういう。

「私が今日アポイントメントを取れたのは、行政の長の支持者を介して市長に紹介されたからです。もし今、席を立つなら、その支持者（個人なり団体なり）にクレームを入れますので、そのつもりでいてください」

すると、「そんなにいじめないでください」などと言いながらようやく座るのだ。こういう情けない態度を取る者が教育行政のトップの姿だといったら驚かれるだろう。決して極端な例ではない。

残りの半分は一応受け取るが、返事は寄こさない。今まで返事を書いてくれたのは、東京都のある区の教育長だけだ。なにか具体的な方策が書かれていたわけではない。しかし、少なくとも、手紙を書いた生徒の心をくみ取る内容だった。

教育長の立場はわからないでもない。もし裁判にでもなったとき、返事に書いた内容が不利に働くことになるかもしれない。組織の上層部からは「返事は書くな」といわれているのかもしれない。

しかし、それは組織防衛の発想だ。もし、その人がまがりなりにも教育者であるならば、生徒からの痛切な訴えが書かれていたならば、どんなことがあっても人として、返事をするのが当たり前だろう。当たり障りのないことでもいい。生徒にしてみれば、一番偉い人が少なくとも自分の声に耳を傾けてくれたと感じるだけで大きな慰めになる。

そもそも教委がきちんとした対応をすれば、後々の心配など不要なはずだ。

要はそこで、組織人としての自分を選ぶのか、教育者として己を全うするのか、その差である。

唯一の返事も、内容自体は当たり障りのないものだったが、それでも返事をしただけ大したものだと私は思った。これまで同じような状況に100回は立ち会ってきたが、返事があったのはそのときだけなので、確率としては1パーセントである。

この数字をどう感じるだろうか。

文部科学省と学校現場

学校が日本の教育行政の最前線であるとすれば、作戦本部が文部科学省だ。とはいえ、戦後日本では戦前の皇民化教育の反省から「教育の独立」が重視されており、文科省が現場に対して優越した指示権を持っているわけではない。教育委員会と学校が直接的な上司と部下の関係にあるとしたら、文科省は親会社や株主総会のようなもので、方針を決める権限はあっても、学校ごとの教育方針や活動内容は現場の裁量に任されている。決して上意下達の組織形態になっているわけではない。ここはもっと広く知られるべきポイントだと思う。

もちろん、文科省は立法府が定めた法律などを順守する義務があるので、各自治体や教育委員会、学校に伝えて実行するよう促す。いじめ問題も、その点では変わりない。

文科省で主にいじめ問題に取り組んでいるのは、児童生徒課という部署だ。部署の中でも担当者によって温度差がかなりあるのが実情だが、一様にいえるのは、彼らはガイドラインと法律は基本的にきちんと守る。

ただ、現場を直接見る機会がないせいで、「やっているふり」にごまかされてしまうことも少なくない。

たとえば、名古屋市は、市の教育委員会がいじめに対して画期的な取り組みを行っている。警察ＯＢやスクールカウンセラーなど、いじめ対策に効果的な人員を各校に配置したり、巡回させたりして、いじめを早期発見する体制を作っているのだ。きちんと予算を組んでまでやっている自治体は全国的にも珍しいので、文科省にしてみれば名古屋は「よくやってくれている自治体」なのだ。

また、愛知県全体も教育に熱心な県で、省内での愛知県のイメージはかなり良いと感じる。

私が以前担当したあるいじめ事件で、名古屋市の教育委員会の対応に問題があると文科省の担当係長に相談したのだが、「あそこはきちんとやっているはずだ」と言って、なかなか納得してもらえなかった。先手を打って省内に根回しをしていた人間までいたようだ。

そこで、私は、被害者の訴えを役人向けに翻訳することにした。彼らの行動は法律やガイドラインに合っていないと逐一指摘し、証拠も示していったのだ。それでも反応が鈍かった。思い込みがどれだけ人の目を狂わせるのか、実感した瞬間だった。

一方、文科省の助言を意に介さない自治体もある。

先に述べた山梨県北杜市の教育委員会はいじめ事件への対応があまりにも杜撰で、文科省も県教委を通じ、何度か指導を入れているのだが、まったく従わなかった。

私はその前後に県教委の関係者の間で交わされたメールの内容を、法令に則《のっと》った手続きで開示請求し手に入れたのだが、県教委と市教委のやりとりの中で、

「次はどんな手を打ってくるんですかね。一応文科省に指摘された部分はこっちで直しておいたので、そちらではもう直す必要性はありません」

というようなことを書いてある部分があった。私はそのメールを文科省の担当係長に見せて、

「あなた方はなめられていますよ」

と告げた。そこから担当係長の目の色が変わった。

東京都の教育委員会は組織も人もしっかりしている方だが、ここが文科省とは関係がよくない。両方と協力関係を築かなければならない私としては、たいへんやりづらい。東京都と文科

省のやりとりの間に入ったことがあるが、お互いに書類上で嫌味の応酬しかしないので、とても疲弊した。

このような感じで、全体としてはアンバランスな部分もあるが、それでも教育に関わっている様々な組織と比べると、文科省はまともにやっている方だと思う。動くのに時間がかかるし、杓子《しゃくし》定規に物事を測るけれども、少なくとも法律とガイドラインは順守する。

文科省の児童生徒課の役人には、元教員や現場経験のある人もいるので、現場のこともある程度わかっている。また、どの役人も基本的に職務に忠実で、まじめだ。そういう意味では、信頼できる相手といえる。

ただ、先述した通り、文科省は学校の上部組織ではない。法律上、立場的には教育委員会と同等であり、名目は指導であっても、実情はアドバイスに近い。いつまでに○○を改善しろ、などと命令はできない。

「文科省が教育委員会を指導」などとニュースになることがあり、指示命令のようなイメージをもつが、上下関係がない以上、「国のガイドラインではこうです」「いじめ防止対策推進法では、このように進めることになっています」というふうに、あくまでもアドバイス程度なのだ。

そのため指導に従わず、本来であれば第三者委員会などを設置しなければいけない要件が整っていても、教育委員会が第三者委員会を設置しないという事態が発生する。

理念として、教育の独立は守らなければならないのは私にも理解できる。しかし、教育委員会や学校が、組織防衛のために今の文科省の置かれた立場を悪用するのであれば、大いに問題だ。早急に検討されるべきだと思う。

名ばかり「第三者委員会」

さらに、教育現場で重大事案が発生した際に設置される第三者委員会の問題点も指摘しておきたい。

近年、コンプライアンスの意識が社会全体で共有されるようになり、企業などが不祥事を起こした場合、第三者委員会が設置されるようになった。株主や銀行などの利害関係者の推薦を受けた人物が委員となるため、「外部の視点」がきちんと機能する。

しかし、教育委員会が作る第三者委員会は違う。言葉の響きからは、あたかもすべての利害関係から切り離された専門家集団が選任されているイメージがあるだろうが、実態はまったく異なることははっきり伝えておきたい。

人選をするのは教育委員会であり、彼らは往々にして自分たちに都合のよい人を集めてくる。

こういう話をすると、

「いや違う。職能団体から推薦状をもらい、委員を職能団体に選考してもらっている」

という話が出てくる。ところが、実態は違う。

まず、第三者委員会の報酬はたいてい、非常に安いが仕事の量は膨大だ。だれもが引き受けたくない仕事が「第三者委員会」だ。第三者委員会経験者から、「もう二度とやりたくない」という声を何度か聞いた。だから、職能団体は推薦を出すにしても、所属の専門家に積極的な働きかけはできない。

また、法の専門家であっても心の専門家であっても、分野としていじめに詳しくない人は多い。

だからこそ、やりたいという人がいたり、一本釣りでこの人に頼みたいから推薦状を書いて欲しいという裏技が成立する。

職能団体の推薦状を中立公平の担保としているが、その実、担保とは程遠い。

また、地方ではどうしても学校や教育委員会などと関係性がある人物しかいないという地域もあり、地域で絞ってしまえば、結果、学校社会との利害関係者ばかり、というケースも発生する。

本来、いじめ問題を追及するならば、被害者側が推薦する委員を入れるべきだろう。しかし、そうした人間が入ることはめったにない。その結果、第三者委員会は教育委員会側の話だけを聞き、それを守る組織になってしまう。

そもそもいじめ問題の当事者は加害者と被害者だ。担任はもちろん、管理職やその他の職員もまた、被害者との関係において当事者となり得る。

また、学校を設置した責任者は行政であり、管理運営は教育委員会が当たっているのだから、学校がその管理責任を問われ訴えられる事態が発生した場合において、学校側や教育委員会、ときには行政までもが被害者と敵対する関係になる。

追及されるべき当事者、もしくは当事者が選んだ人間が入っている委員会を、果たして第三者委員会と呼んでよいのだろうか。もし、彼らに学校で起きるいじめ問題に対して当事者意識があれば、自分たちを第三者と位置付けられないはずなのだ。

裁判沙汰にまで発展するいじめ事件の場合、学校および教育委員会には看過できないレベルの過ちやごまかしが必ずある。よって、彼らの代弁者が第三者委員会に入ってしまうと、そこは証拠隠滅の場になりかねない。学校側は自分たちの落ち度は重々把握している。ことが進めば、責任を問われることになるため、できるだけ自分たちに有利な動きをする人物を選任しようとするのだ。

さらに、第三者委員会は基本的に強制的な調査権限はない。学校側に書類などの提出義務を課すことはあるが、それを作成するのは当事者である教員だ。つまり、その段階で書類にはフィルターがかかってしまうのだ。

肝心の生徒への個別聞き取り調査は基本的には行われるが、保護者や本人が拒否すれば行われない。生徒側としても、敵か味方かわからない相手に苦しい胸の内を話すのは精神的ハードルが非常に高い。それを丁寧に埋めようともしない相手が「調査をしに来ました」と言ったところで、面談を拒否するのは無理もないだろう。

このように言葉上は「第三者委員会」となっていても、現実はまったく異なるのだ。

詳細は明かせないが、たとえば私が現在請け負っているある事案では、いじめ自殺事件を受けて立ち上げられた第三者委員会が、議事録の開示やブリーフィングへの立会いといった遺族側の要望をすべて却下した。遺族が委員長に理由説明を求めたところ、委員長は激昂《げきこう》し、権限がないのだと怒鳴りつけたという。さらに「いじめかどうかを決めるのは私だ」と言い切った。第三者委員会の委員長は、裁判官でも神様でもないのだが……。ちなみに、この調査委員会の中間報告はなし。これまでの報告を求めると黒塗りの書面が提出された。

この実態に違和感を持たない人が、果たしているだろうか。


私立の学校の場合は、教育委員会が関わらないため、学校自身が第三者委員会を作る。その際に、被害者側が推薦する人物を委員に入れないならば、確実に学校側に有利なバイアスがかかった調査になるだろう。

ある私立校では、いじめ自体を認めないための「第三者委員会」を設置し、名ばかりの聞き取り調査をやってすませようとした。彼らが作成した報告書の内容はいじめの存在を示していたのだが、あくまでも「いじめではない」と押し通そうとした。

依頼を受けた私は、被害保護者と対策を協議するなかで、被害保護者の父の人脈に大学教授などが多くいることが判明したので、セカンドオピニオンを頼むことにした。

報告書が出た後に、本当の意味での「識者」かつ「第三者」に評価をしてもらったが、「いじめ防止対策推進法を根本的に理解していない」「そもそもいじめの定義を理解していない」「結局いじめを隠したいのだろう」と厳しい評価がくだされた。

これも私が担当した別の事案だが、横浜市にある私立小中高一貫校では、第三者委員会がいじめ被害を受けた生徒と同学年の生徒および同じ部活動に所属していた生徒への聞き取り調査を「時間的に不可能」として拒否し、アンケートについては学業に支障が出ると加害者側の保護者が懸念をしたことを理由に、実施されなかった。

加害生徒への聞き取りは、保護者同伴の上、加害者側二人の生徒を同時に同室で行った。これではまるで加害者と第三者委員会が口裏を合わせるための会合ではないか。ちなみに、この委員会を構成する委員には、交通費のみならず高額な報酬が学校から支払われていた。到底「第三者」とは呼べない。

この問題では、学校の教員もいじめに深く加担し、かつ学校側がいじめ対策をまったく講じなかった。しかし、私立学校は評判をことさら気にする。学校として、いじめがあったこと自体が不都合であり、実務経験がない大学教授や弁護士などの専門家に弁護を依頼したとしか思えない。

この件について私は、被害生徒側の許可が出次第、校名などを公開し、問題提起したいと思っているが、第三者委員会に選ばれた人々が、依頼主、つまり金主である学校側の言いなりになることは珍しくない。

つまり、現段階においては、いじめ問題で設置されるほとんどの第三者委員会は本来の役割を果たすだけの能力がないと言わざるを得ない。

機能する第三者委員会はむしろ例外的

私が知っている限り、これまで開かれたいじめ事件の第三者委員会で、例外的に機能したのは大津市いじめ事件のケースだ。

事件が表面化した当時、大津市の市長だった越直美《こしなおみ》氏は、自らの権限によって第三者調査委員会を設立し、元裁判官や弁護士、大学教授ら5人のメンバーを選任した。メンバーを決める際には、遺族側の推薦を重視したことは特筆に値する。

遺族側が推薦した調査委員の一人は、尾木《おぎ》ママの愛称で知られる尾木直樹《なおき》氏だったが、私は知人をとおして、こんな話を聞いた。

調査が進む中、事件の現場となった学校に行ったときにはすごい人数の生徒達が集まっていて、尾木氏に一生懸命手を振っていたそうだ。そして、教員たちの制止を振り切って尾木氏の元に駆け寄り、「先生たちに騙《だま》されないでください」と訴えたという。そのときに、尾木氏は改めて事件が起こった学校の特異性を思い知り、よほど腹を決めなければならないと覚悟を決めたという。

調査は2012年8月末から約4か月に及び、翌年1月末日に、自殺の直接的な原因は同級生らによるいじめであると結論付けた調査報告書が提出された。報告書は200ページを超えるボリュームで、学校と市教委の嘘をあばくものだった。

こうした報告書を出せたのは、ひとつは第三者委員会が市長直轄の機関であり、つまり市教委の影響力から離れていたということ、そしてもう一つは地縁のないメンバーが選ばれたことも大きかっただろう。

メンバーには尾木ママのほかにも、兵庫県明石《あかし》市で起きた花火大会歩道橋事故で遺族側代理人を務めた弁護士などが入っているが、いずれも県外から来た人々である。

本来、第三者委員会は厳密に第三者であるべきだ。

しかし、特に地方の場合は法曹関係者や教育関係者など「識者」として扱われる人々が以前からの知り合いであることは珍しくない。弁護士会に登録されているのが30人しかいないような土地柄だと、地元の地域連絡会などで、弁護士も警察署長も政治家も各校の校長もみんな顔見知りなのだ。そういうところで、しがらみのない委員会運営を求める方が土台無理な話なのだ。

三度例を出すが、この端的な例が山梨県北杜市のいじめ事件で設置された第三者委員会だ。このケースでは、市教育委員会が事実関係などを調査するとして第三者委員会を設置した。しかし、被害生徒の保護者は市教委の委員の選任が中立性に欠けると考え、調査への協力を拒否した。

私は被害家族の依頼を受け、第三者委員会の設立に問題があるので調査してほしい、と委員長に要請した。幸いなことに委員長は人権問題に意識の高い弁護士だった。委員長は事実関係を調査し、設立の経緯に「問題あり」との認識に至った。一度委員会を解散し、再度態勢を立て直すことになった。

そもそも、この第三者委員会は最初からおかしかった。教育委員会は当初、第三者委員会について何の資料も提示せずに被害者側の合意を取り付けようとした。ところが、それまでいじめの記録を改竄《かいざん》されたり、捏造されたりし、母子家庭への差別意識から強引に家庭の問題にしようとするなど、教育委員会や学校の対応は酷《ひど》かったため、被害者側はこれを拒否した。すると教育委員会は、委員の職業名だけを記録したメンバー表を持ってきた。このとき、教育委員会は、この人たちはよく知っていて信頼できると言ってのけた。つまり、キャスティングボートは自分たちで握ったまま、誤った資料のみで第三者委員会に調査を進めさせようとしていたのだ。

経緯を調査した結果、市教育委員会によるガイドライン違反やいじめ防止対策推進法の無視、さらには文科省の指導さえ反映させず、最悪な状態で設立されたものであることが明らかになった。

その後、第三者委員会は、自ら解散し、再度新たな委員会を設置すべきである、と意見を出した。第三者委員会が自ら解散を意見した事例は、私が知る限り初めてである。

第三者委員会の委員長である弁護士には敬意を表したい。地域的に相当な圧力も覚悟しなければならなかったはずだ。それを、正義のためには除《の》け、組織としては強固な教育委員会に「この第三者委員会は問題がある」と指摘し、解散を意見したのだ。この勇気は、並外れたものである。

その後、再度、第三者委員会が選ばれたときも、市教委は被害者推薦を表面上認めるふりをしながら、職能集団による団体推薦にするよう求めるなど、極めて卑怯《ひきょう》な手段をとってきた。最終的に北杜市が被害者側の推薦した人物の登用を認めざるを得ない状態となったのだが、役人にしかわからない理屈であれやこれやと妨害してくる彼らのやり口にはほとほと呆《あき》れた。被害者の子どものことが少しでも頭にあったのかと聞きたい。

確かに、学校や教育委員会は警察ではないし、捜査できる環境にはないことは理解できる。私としても大きな期待はしていない。しかしながら、以降のいじめ防止のためにも、粘り強く調査をすることは重要だ。その重要な任務を担う第三者委員会が、発足段階で教委や学校と癒着関係にあったり、被害者に対して何らかのバイアスがかかったような状態であることは許されない。

北杜市のいじめ事件は発覚が２０１７年だが、何も進まないまま3年が過ぎようとしている。

当時中学生だった被害生徒は今春、中学を卒業した。しかし、その生徒へのいじめは小学生時代から始まっており、問題の根の深さを考えると、卒業したからもうこの問題はおしまい、としてはいけない事案だといえる。卒業し、高校生となれば管轄が県となる。市教委はそれを狙っているのだろう。

北杜市だけでなく、いじめ問題が発覚したときの学校や教委の動きはとにかく鈍い。何をするにも時間がかかり過ぎ、対応が後手後手になっている。

今後も、第三者委員会が設置されるような事態は続くだろう。その場合、だれが選任したのか、どういう権限があり、どういう調査や情報に基づいて結果を出したのか、詳しくチェックされる必要があるだろう。

とはいえ、実は第三者委員会が設置される体制があるだけ幸運ともいえる。未《いま》だいじめに関する条例がない地域があるからだ。

一刻も早く、すべての自治体において条例が整えられるよう、議会や行政には強い決意をもってほしい。

置き去りにされている被害者のケア

最後に、被害者のケアについても述べておきたい。いじめが認定されても、それが適切な被害者のケアにつながっていないことが多々あるのだ。

私は被害児童らとテレビ越しに、その子のいじめについて教育委員会などが謝罪会見を開いている様子を見ることがあるが、本人たちから、「いったいだれに謝っているんだろう」「だれの話をしているんだろう」という感想をよく聞く。

謝罪の会見は行っても、多くの被害者へ救済策が示されることはない。もしも示されたとしても、それは不十分なものばかりだ。

たとえば、いじめと学校側の不当な対応により不登校になった子に、週1回だけ学校に来るスクールカウンセラーのカウンセリングを優先的に受けることができるとするだけだったり、持論展開ばかりして考え方を押し付けるようなスーパーバイザーという役職の元校長が、月に2度、自宅を訪ねるなど、どれも不十分というよりむしろ受けたくないようなものばかりなのだ。

結局、被害児童も保護者もバカバカしくなって、そうした「救済策」を受けなくなってしまった。

すると、教育委員会は、「断ったのはあなたたちの判断で、それは支援を打ち切ることを意味する」と、別の有効な救済策を検討することもしなかった。

結果、被害児童は隣市の精神科医のもとに通うことになるが、これはすべて自費だ。また、登校できない期間、フリースクールにも通ったが、フリースクールは無料ではない。高額な費用がかかる。

いじめ事件には注目が集まりやすいということはあるが、被害者ケアは忘れられてしまっている。文科省や各自治体には早急に手を打つようお願いしたい。

第四章

子どもが被害にあったら／加害者だとわかったら

ここまで法の整備にもかかわらず、機能不全に陥っている教育現場の様子とその理由を私なりに分析してみた。

本章では、いじめ被害者になったときに加え、加害者となったときにどのような対応が望ましいのかを検証する。保護者向けのように思われるかもしれないが、社会全体の問題として捉《とら》えてもらえたらと思う。

いじめ防止基本方針を確認しよう

読者の中でも保護者である方に、まず行ってほしいことがある。各学校が設置している「いじめ防止基本方針」を、いじめの有無にかかわらず、必ず入手してほしい。

これは、いじめ防止対策推進法によって各学校が定めなければならないと決まっているもので、いじめについての学校のマニュアルという位置づけだ。

たいていの学校は、この「いじめ防止基本方針」をホームページなどで公開している。ただし、多くは、文科省や各自治体の教育委員会などが用意したひな形の校名を変えただけで公開している。その学校が、いじめについて特別な対策をしているか否かには、一つの特徴がある。見分けるには、同じ地区の学校、5校程度の公開された「いじめ防止基本方針」をホームページで比較すればよい。

もし、ひな形をほぼそのまま利用していたなら、その内容は教職員間でも周知されていないと考えてさしつかえない。いじめの対応は属人化し、担任教員や校長、副校長などの学校経営側の能力と、個人的な知識や経験によって対応能力に差が出るであろう。

加害者になる可能性

少し前のことになるが、２００６年に魚類学者のさかなクンが朝日新聞紙上にいじめに関するコラムを発表して、大きな反響を呼んだ。

彼は、自身や友人が経験したいじめ体験に触れつつ、魚類の世界でも、水槽で飼育すると特定の一匹を仲間はずれにしたり攻撃したりする現象が起こる、とした上で、

「広い海の中ならこんなことはないのに、小さな世界に閉じこめると、なぜかいじめが始まるのです。（中略）中学時代のいじめも、小さな部活動でおきました」

と、学校でのいじめの本質を突く指摘をした。

さらにこのメッセージが素晴らしいのは、いじめの被害者側だけでなく、加害者側にも「大切な友だちができる時期、小さなカゴの中でだれかをいじめたり、悩んでいたりしても楽しい思い出は残りません。外には楽しいことがたくさんあるのにもったいないですよ」と語りかけている点だ。

親に自分の子どもが「いじめ」に直面するケースを想像させると、十中八九わが子が被害者になることを思い浮かべる。私も、「子がいじめ被害者にならない方法」を尋ねられることが

多い。

しかし、忘れないでほしいのは、いじめは個対集団で行われるという点だ。つまり、いじめの被害者が一人いたら、その背景には数人から時として数十人の加害者がいるのだ。わが子が被害者になるよりも、加害者になる確率の方が高いのである。

もし、子どもがしっかり者で友だちもたくさんいるようなタイプである場合、加害者になる可能性の方が高いと私は感じている。

親としては、わが子がいじめをするシーンなど想像したくもないだろうが、現実としていじめはだれもが加害者にも被害者にもなる。世の中には過去のいじめ被害を訴える声は数多《あまた》ある。一方、加害行為を告白する人間はほとんどいない。しかし、加害者がいなければ被害者は発生しないし、被害者よりも加害者の方が数ははるかに多いはずだ。

結局のところ、かなりの数の大人が子ども時代の加害経験の記憶に蓋《ふた》をしているのだろう。ときどき、自分はいじめの被害も加害も見たことがないという人がいるが、非常に疑わしいと思う。

さかなクンのいうとおり、狭いクラスに閉じ込められれば必ずヒエラルキーができあがり、その下位に置かれた人間は有形無形の圧力を受ける。その圧力が膨張し、明確な苦痛を感じさせるまでになったものが「いじめ」だ。

大人の世界にもいじめはある。ただ、子どものいじめは、彼らが社会的に未熟な存在ゆえに、被害者は適切な対処法を見つけられないまま孤立し、加害者は子ども特有の残酷性を発揮してあっという間にエスカレートする。

よって、学校でいじめが発生した場合、もっとも大切なのは初動ということになる。

どんなケースでも、いじめとは呼べないほどの些細《ささい》な嫌がらせや陰口から始まる。そうした行為を一切やめさせることは、人間が人間である以上不可能だろう。だからこそ、いじめは芽のうちに摘んでおかなければならないのだ。悪意が根付く前に、根こそぎにしなければならない。

加害者であれば傷つくことはないから、被害者になるよりはいいではないか。そう思っているとしたら、大きな間違いである。いじめの加害者になり、何も罰せられないまま成長することで、人生を自ら歪《ゆが》めてしまう者は後を絶たない。

大津市いじめ事件の場合、加害者と加害家族が反省するどころか被害者を誹謗《ひぼう》中傷し、自分たちの方こそ冤罪《えんざい》の被害者であるというような態度に終始したことが広く報道された結果、国民的な怒りをかい、激しいバッシングにあった。今はインターネットがある。本名や顔写真が世界中にバラまかれてしまう可能性が高い。加害生徒の今後の人生にとって、並々ならぬ障害となる。

もちろん、これは極めて例外的だが、別の意味で深刻なケースもある。いじめ加害者が、一度も反省できないまま成長し、いじめを「成功体験」にしてしまったがゆえに、成長してから犯罪者になってしまった例を私は知っている。もちろん、誤った成功体験だ。

子どもを潰す「成功体験」

誤った成功体験とはすなわち、悪いことをしても反省や謝罪の機会に恵まれないまま成長してしまうことだ。

ある日、ニュース番組を何気なく見ていた。特殊詐欺のグループが捕まり、警察に移送されるシーンが映ったのだが、そのうちの一人の顔写真に記憶が刺激されたのだ。

数年前、私が関わったいじめ事件の加害者だった。

彼は世間的には恵まれているとされる家の子だった。親はわが子の加害行為を決して認めようとせず、弁護士を立てて徹底抗戦の構えをとった。そうした経緯があったので強く印象に残っていたのだ。

親にしてみれば、わが子の経歴に傷をつけたくなかったのだろう。だが、自分の行為を反省する機会を与えられず、逃げ切ればすべてなかったことにできると誤った学習をしてしまった結果、彼は犯罪者にまで堕してしまった。

学校の中で起こったことなら内々にごまかすことはできる。だが、警察に捕まり、裁判になったら前科がつく。経歴に傷どころの話ではない。親はこの結果にいったい何を思ったことだろう。

親が子を守るというのは、決して子どもの言い分を鵜呑《うの》みにして味方することではない。道を誤りそうなときにきちんと指摘し、そのうえで正しい方向に導くことこそが親の仕事であるはずだ。

卑怯者《ひきょうもの》のいじめ加害者が、結果、高齢者を騙《だま》し、女性を犯し、金を奪う卑怯者の犯罪者に成り下がったのだ。いじめがわかったとき、保護者は子どもを守ったつもりだったのかもしれないが、その成功体験が彼から倫理観を奪い、人を思いやる気持ちも失わせたのだ。

とはいえ、親だけに責任を求めることもできない。

ある生徒がいじめの加害者になり、それが発覚したとする。普通であれば保護者が呼び出され、学校側に厳しく注意される。保護者も最初はわが子を信じたい気持ちもあるだろうが、事実を認識して被害生徒に謝罪し、わが子を叱って反省させ、今後二度としないことを約束させるだろう。

ところが、こうした「反省する機会」が与えられない場合があるのだ。学校側がいじめを認めたくないあまり、「生徒間のいざこざ」で片づけて、喧嘩《けんか》両成敗的な立場を取ってしまうときだ。

保護者がわが子を庇《かば》おうとして、いじめ行為を否定したり、被害者を非難するなど、子どもの行為を正当化する行動に出た。教員たちも沈静化を優先して、早々と「謝罪の会」をさせる。

現場ではままあることだが、こうした大人の態度によって、自己正当化と誤った自信を身に付けてしまった子は、人格が歪んでいく。

「悪いことでも見つからなければ問題ない」

「自分は特別だから何をしても許される」

「ちょっとおかしなことになっても親がしりぬぐいをしてくれる」

そんなふうに育ってしまった子どもは、犯罪者予備軍になるのだ。

以前、有名な俳優の子どもが校内でいじめ事件を起こし、最終的には学校を退学処分になるという出来事があった。また、社会的地位のある親を持つ成人男性が薬物使用で逮捕される事件もあった。

これらの事件の経緯をつぶさに見ていくと、以前から問題行動を起こして何度も改悛《かいしゅん》の機会があったにもかかわらず、親がことごとくそれを潰《つぶ》してしまっている。外聞を気にしたのか、それともわが子の罪を認めるだけの心の強さがなかったのか。理由はさまざまあるだろうが、持てる力で「無理を通せば道理が引っ込む」をわが子に見せた結果、その子は「自分は何をやっても大丈夫」と歪んだ全能感を持ってしまうのだ。

本来、加害行為をしたら、それは必ず「失敗体験」として学習させなければならないのだ。学校や保護者からこっぴどく叱られ、反省するよう促される。二度と同じことは繰り返さないと思う子もいるし、そこまで思えない子であっても、限度や加減を覚えていく。

私の感覚だが、子どもを叱れない、もしくは叱らない親が増えているように思う。その結果、誤った成功体験を持ったまま成長し、学齢が高くなっていくほど「いじめのキャリア」を積んでいく。人を人とも思わず、ゲーム感覚でいじめをエスカレートさせていく。

司令塔になるタイプは、基本的に悪知恵が発達している。成績がいい子も少なくない。地頭がいいし、人のちょっとした機微を読むにも敏だ。なので、直接手出しをしたらあぶないことを理解している。だから初めのうちは、犯人が分かりづらいような物損やもの隠しを定期的に繰り返す。

やがて、いじめをちらつかせることでほかのクラスメイトを支配するようになると、その子たちを通じていじめを実行させる。足がつかないようにして、自分の手は汚さない。手下になってしまった生徒たちは、やらないと今度は自分がやられるという恐怖から、良心に蓋をして加害行為に手を染める。

こうして、モンスターに支配されたいじめ集団が生まれる。彼らは総じて何らかのストレスを抱え、ターゲットにする相手を探している。たまたま目をつけられた生徒は悲惨だ。

いじめ集団は自分たちの内部に被害者を抱え込む。そして、ヒエラルキーのもっとも下部にいる者同士を強制的に喧嘩させる。中高生の男女混交グループにもなると性行為を強要するようなことさえする。その様子を動画に撮って回覧したり、それを種に脅迫行為を行ったりする。大人の目をかいくぐり、クラスメイトを支配することで、優越感に浸り、全能感におぼれていく。

彼らは確かに加害者である。しかし、真人間になる機会を大人に奪われ、失ったゆえの結果と考えれば被害者だともいえる。周囲の大人に「いじめを成功体験にさせない」という意識があったなら、起きていない事案は少なくない。

本当にわが子がかわいいのであれば、わが子の将来を思うなら、悪いことは悪いこととして叱らなければならない。当たり前のことだ。闇雲に庇うのは愛ではない。

私の経験上でいえば、高校生にもなっていじめ加害をするような生徒のほとんどは、幼稚園や小学校時代に親の理不尽に学校や教員が及び腰になってしまい、無理が通ってしまった経験を持っている。私が接した加害生徒にも、先生がうつになって辞めてしまったことをうれしそうに語る者がいた。こういう子どもはとても危険だ。ある程度の自由を手に入れ、体も大きくなる中高生になると無茶苦茶なことを始める。罰せられた記憶がないから、加減がわからない。

保護者にしても同様で、自分の言い分を通すことが一番の目的となる。

たとえば、いじめの加害生徒が被害者を殴ったとしよう。

その現場を目撃した者が大勢いるのに「うちの子はちょっとぶつかっただけだと言ってるから、こんな問題にするのはおかしい」と突っかかってくる親、「相手がうちの子を刺激したのではないか」と被害者のせいにする親など、常識では考えられない態度を取る保護者を数多く見てきた。

非を認めない加害生徒の親

とはいえ、わが子が加害者だったとき、素直に認め謝罪するのは少数派だ。典型的な事例を紹介しよう。関西《かんさい》の市立小学校で起こったいじめだ。被害者はある男子児童だった。いじめは最初、靴を隠されるという昔からある手口で行われた。

もの隠しに関しては、犯人を見つけるのはかなり難しい。当たり前だが、教室で「隠した人は出てきなさい」といっても手を挙げるはずがない。加害児童がだれかわからない限り指導できないため、先生も手をこまねいているうちに、やることがどんどん悪質になっていった。

初めは登下校に使っている靴を隠すとか、逆さに入れておくなどだった。このレベルであれば、多くの子どもはいじめの被害を隠そうとする。

あるときこの児童がビチョビチョに濡《ぬ》れた上履きを履いていた。周りの友だちが気づいて「大丈夫?」と聞いても、本人は「大丈夫」と答えるだけ。しばらくの間は被害を隠していた。

いじめはエスカレートし、靴がはさみでズタズタに切られた状態で見つかるようになった。こうなると親にいじめを受けている事実を隠し通すのは無理だ。ようやく、被害児童の苦境が明らかになった。

苦境、という言葉をオーバーに感じる人がいるかもしれないが、嫌がらせを連続してされると、図太い人間であっても精神的に参る。ましてやまだ小さな子どもだ。彼はずっと、一人でそれに耐えていたのである。

発覚後、保護者は当然ながら学校に被害を訴えた。学校は「なんとかします」と請け合ったため、保護者も様子見をしていたが、一向に解決する気配はない。

保護者は当然いら立つ。被害児童は学校に行くのがさらに苦痛になっていく。

ただ、この被害児童が幸運だったのは、彼を心配し、いじめの解決に協力したいと思う友人がたくさんいたことだった。また、その子どもたちの保護者も、被害児童に協力的だった。私の存在を見つけたのも、そうした協力者の一人だったという。

被害児童の保護者から相談を受け、私はそれまでの経緯をまとめた文書を見せてもらった。それを見る限り、学校の対応はすべて後手後手で、いじめ対策をまじめにやる気はない、と感じた。

靴がはさみで切られたり、隠されたりしているのである。私は保護者に「すぐに警察に被害届を出してください」と助言した。保護者はさっそく相談し、警察は一応窃盗事件ということで、靴箱の指紋採取をする程度の捜査は行われた。だが、当然ながら靴箱には指紋が数知れずついており、また全児童への照合もできないため、ほぼ形式だけで終わった。いじめ問題で警察が入ったところでほとんど機能しないのは、「児童生徒を犯人扱いするとは何事か」という感情論が教員にも保護者にも強いからだ。だからこそ、私のような個人の依頼を受けて調査をする人間が必要とされる。

しかし、このとき私はすぐに動ける状態ではなかった。常に複数の案件を抱えているし、生業もある。電話などでアドバイスをする状態が続いていたのだが、その間にも行為はひどくなっていった。靴の中に画鋲《がびょう》を入れられた、黒いペンで塗りつぶされた……家族から都度都度、報告が入る。最初に靴隠しが始まってから半年くらいが経っていた。

だれにも見つからないことで調子にのった加害者は、靴の踵《かかと》にカッターナイフの刃を貼るという明らかな加害行為に出始めた。被害生徒はそれに気づかず、そのまま履いてしまい、わずかとはいえ切り傷を負った。

被害者のショックがいかばかりか、想像してもらいたい。見えないだれかに、肉体的に加害しようとする明らかな悪意を向けられたのだ。

こうなったからには動かないわけにはいかない。

私は、まず加害者を特定することにした。そのためにはまず犯行が起きた前後の人の動きを整理する必要がある。

被害児童を心配している子どもたちがこぞって協力してくれたので、内部の情報を集めるのは比較的容易だった。話は被害児童の家で聞いたのだが、家が子どもたちであふれてしまうぐらい協力者がいた。子どもたちには、

「君たちはみんな探偵だ。事件を解決するために、協力してほしい」

とお願いすると、彼らは一生懸命記憶をたどって書き出してくれた。

この光景が疑心暗鬼に陥っていた被害児童にとって大きな慰めになったのはいうまでもない。

しかし、真犯人が明確にならない限り、完全に周囲に心を許すことはできないものだ。犯人捜しは、ただ加害行為を止めさせるだけでなく、被害者の心の回復にとっても不可欠なのである。

集まった目撃証言を丁寧につなぎ合わせていくと、犯行がどの時間帯に行われたのかを特定できた。時間割と突き合わせると、教室移動時に犯行が行われている可能性が極めて高いということがわかった。

この間も子どもたちは協力してくれたのだが、一方で彼らは飽きやすい。私の経験では、1か月経つころには興味を失っていく。よって、1か月で解決までもっていかなくてはならない。

次に私が行ったのは、学校の靴箱の位置などを保護者同伴の上で調べに行くことだった。学校側は私のような人間が介入するのを極度に嫌うが、こちらはすでに調査が進んでいる。学校が有効な手を打てなかったこともわかっている。その点を指摘すると、教師たちも介入を認めざるを得なくなった。このときは被害児童の保護者だけでなく、同級生の保護者のみなさんが協力してくれたことが大きな力になった。

犯行時刻は、大体10時25分から45分の間だとわかっていた。ものの20分ほどだ。そこでその時間帯を集中して見張ることにした。すると、出てきたのだ。4人組の子どもたちが。

加害者は被害者のクラスメイトで、男女混成の4人組だった。彼らも私たちが調査に入っているることは知っていただろう。しかし、まさか靴箱を見張っているとは思わなかったようだ。警戒するそぶりは見せていたが、意識はあくまで中に向いていた。対して、私たちは校舎内から視認されにくいところに立っていたので、彼らは気づけなかった。子どもは大人が思っているより視野が狭い。

彼らはいつも通り、靴箱から被害児童の靴を取り出した。その姿を見た被害児童の保護者はカッとなってすぐ出て行こうとしたが、私はそれを抑え込んだ。加害行為を映像として収めるためだ。

彼らは靴を校舎の内側に持って入った。タイミングを見計らって現場に踏み込むと、ちょうど靴をマジックで黒く塗っている真っ最中だった。「早くしろよ」と急《せ》かす声も聞こえた。

彼らがマジックを持っている時点で、計画的犯行であることは間違いなかった。その小学校では、鉛筆しか使用を認められていなかったからだ。いずれにせよ、証拠は取った。もう言い逃れはできない。

私たちが声をかけたそのとき、加害児童たちは本当に震え上がっていた。さすがにもう逃げられないと思ったのだろう。４人のうちの二人は、それまでしたことをすぐに認めた。

これでめでたし、めでたし……とはならなかった。一人の男児が、私たちが見たその1件しか犯行を認めようとしなかったのだ。

法律を悪用する親たち

犯人が見つかり、その日の学校はてんやわんやになった。担任はすぐに加害児童の親を呼び出した。しかし、いじめを認めない子の親は理由をつけてやって来なかった。時間になると、児童は下校させせないといけない。仕方なく後日、日を改めて話をすることにしたところ、その男児は全面否定に入った。証拠がある1件だけは認めざるを得ない。しかし、ほかの件はやっていないと言い張る。さらにその1件さえも脅迫されてやった、などと言い出した。

親に入れ知恵されたのだろう。親は弁護士にでも相談したらしい。普通は出てこないような法律用語が口から次々に出てきた。

この事実が何を示しているか、おわかりになるだろうか。一つは加害児童の家庭環境がおそらく平均以上であること、もう一つは親が子育ての何たるかをまったく理解していないことである。

まず、一般的な家庭では、経済力が平均程度であっても、何か起こったときに弁護士に相談するという発想には至らない。どこに話を持っていけばいいかわからないし、まして自分の子が加害者になっているケースである。普段、ある程度付き合いがある相手でないと相談できないだろう。

また、親が当たり前の倫理観を持っていれば、いじめに加わったわが子には己の行為がいかに卑劣であるかを認識させ、反省を促すだろう。それが親の取るべき態度だ。ところが、反省させるどころか、一緒になってごまかそうとしている。わが子の加害事実を隠すために法律的な知識を悪用して、それを恥じないのである。

大変残念ながら、こういう親はそう珍しくない。しかも、一般的には「きちんとしたご家庭」と評価されるような家に多い傾向がある。

このケースでは、加害児童と被害児童は、クラスメイトとはいえ日常的にはほとんど接点はなかった。クラスのヒエラルキーでいえば、加害児童は一軍、被害児童は三軍に属するタイプだ。しかも、被害児童はおとなしいタイプで、悪目立ちするようなこともない。彼にしてみればなぜいじめの対象になったのか、心あたりがなかった。

つまり、加害児童たちは単純にクラスメイトが苦しむ姿を見て楽しんでいた。娯楽として、いじめ行為を繰り返していたのである。

学校側も、よい意味で目立つタイプの生徒たちが、裏ではこんな邪悪な行為をしていた事実に驚愕《きょうがく》を隠せなかった。

ただ、目は覚めたようだった。

靴箱の位置を変えて、二度と同じようないじめ行為ができないように物理的改善を図ったほか、いじめの予防教育もしっかりするようになった。先生たちの意識も少し上がったようだ。

こうなると、いじめが再発する可能性は少ない。

実際、被害児童はこの後普通に学校生活を送れるようになったし、犯人がはっきりしたことで疑心暗鬼の気持ちがなくなった。また自分には助けてくれる味方がたくさんいたという事実を目の当たりにしたことで、精神的にも落ち着いた。

学校は、加害児童に関して親もふくめて強く指導をした。彼らが犯人であることは同学年の間で噂として広がっていく。被害児童には同じ小学校に通う兄もいたので、その学年にも噂が広まった。状況としては、なかなか厳しかったはずだ。

最初は加害を認めない方針だった家の子どもも、見舞金としてこれまで壊してきた靴の弁償を申し出たという。さすがに逃げ切れないと悟ったのだろう。

見舞金については、被害児童の保護者から受け取ってもいいかどうかの相談を受けたが、私は今後、裁判などで争いたいのであれば突っぱねてもいいけれども、向こうが純粋に詫《わ》びるのであれば、その気持ちを受け取るということで、第三者立ち会いの下で受け取ればいいだろうとアドバイスをした。

いじめ事件で解決金なり見舞金を受け取る場合、気を付けてほしいのが受け渡しには必ず利害関係のない第三者に立ち会ってもらうという点だ。

一見反省しているような態度だった加害児童の保護者が、お金を払ったとたんにまるで自分たちが強請《ゆす》られたかのような噂を流すこともある。金銭の授受はあくまで加害者側からの申し出であり、その金額も先方が納得した上であることを明確にしておかなければならない。

世の中、自分や自分の身内がしたことに、きちんと頭を下げられる人ばかりではない。人を疑いだせばきりがないが、私は何度もそんな場面に立ち会ってきている。隙あらば、自分が被害者のように喧伝したがる人間もいる。それだけは忘れないでほしい。

わが子が加害者になったら

もしわが子がいじめの加害者になったら、親はどう振る舞えばいいのだろうか。

まず、学校から報告が来た事実を、子どもに隠したりごまかしたりするのは絶対にＮＧだ。面と向かって、今いじめ加害の当事者となっていることを認識させた上で、まずは子どもの弁明に耳を傾けよう。そのとき、いいわけの真偽については即断しないように注意。頭から怒鳴りつけたり、何も聞かずに叱りつけたりするのもよくない。

冷静に、学校側から聞いた内容と、本人の言い分をしっかりと比較する。

その際に心してほしいのは、自分の子どものいうことを全面的に信じない、ということである。子どもは残念だが、嘘やごまかしをふつうにする。特に親にはいい顔を見せたいものだ。だから、信じる／信じないはさておき、まずは親というよりもひとりの大人としてじっくり聞いてほしい。

多くの場合、冷静さを失った保護者は、被害自体をでっち上げだと主張する。その根拠はわが子が否定しているからだという。

経験上、でっち上げがまったくないわけではない。しかし、そうした例はほんのわずかだ。忘れないでほしいのは、被害者にとって「自分がいじめにあっている」ということを認めるのは、とてもつらく、口に出しづらいという事実だ。自ら死を選んだ生徒の親が、子の遺書を見るまでいじめの事実に気づかなかったという例もある。それほど、子どもは隠そうとするものだ。それを隠しきれない、もしくは我慢しきれない状態にまで追い詰められて、はじめて被害は大人の知るところになる。つまり、表沙汰《おもてざた》になった時点で、加害の事実はほとんど疑うところはないのである。

また、今聞いたような被害をわが子が受けた側だったらどう思うかも考えてほしい。被害者が感じていた苦痛から逃げてはいけない。

その上で、自分の子どもの心に向き合ってほしい。もちろん、叱るのは必要だが、それ以上に重要なのは子どもの心の交通整理をしてやることだ。

ある程度の悪意をもっていじめに手を出していたとしても、言葉にできない苛立《いらだ》ちやストレスを内に抱え、自己解決できないまま、他者への攻撃で発散していることも多い。

たとえば、成績が思ったように伸びず、親から注意を受けた。部活を頑張っているのに、レギュラーになれない。レギュラーになって活躍しても、コーチから自分だけ叱責《しっせき》を受ける……いろんなケースがあるだろうが、大人にとっては些細なことでも、子どもにとっては大きなストレスになることもある。

それが積もり積もって、ストレスの原因と被害者は何の関係もないにもかかわらず、なぜか「自分をイライラさせるあいつが悪い」というような気持ちが起こり、ターゲットにしてしまう。

その複雑に入り組んだ心の内を交通整理してあげよう。そうしているうちに子どもも気づく。自分の行為が、ただの八つ当たりであり、それは決してしてはいけないことだったと。

子どもが己の非を悟ったら、次は親が被害生徒に謝る姿を、わが子に見せてほしい。親が自分の問題で頭を下げている姿を見るのは、子どもにとっても衝撃だろう。そのときになって、ようやく自分が何をしたのかが、身に染みてくるだろう。

よほどのことがない限り、この時点で子どもは真に反省する。そして、二度とやらないと誓う。相手に物質的な損害を与えていた場合などは損害賠償という話も出るだろうが、ほとんどのケースにおいて親同士の話し合いで解決する。

過去にいじめを受けていたが克服できた、という子どもの話を聞くと、周囲の大人がきちんと対応した、という点で共通している。

ただし、気をつけてほしいのは、被害が深刻であればあるほど、被害者もその保護者も謝罪を受け入れることはできないということだ。一度謝れば済むということではない。何度謝ればいいという尺度は存在しないのだ。自分が被害保護者の立場であったらと内省し、どう謝罪すべきかを考えてほしい。

子育ては長い

被害者の保護者は加害者側の親と話せばなんとかなると思うようだが、私は基本的には加害者の親にいきなり当たるのは避けた方がいいと考えている。どんな人間性の持ち主かわからないからだ。探りを入れてからの方がいい。

だれもが大人の話し合いができるわけではない。常識が通じない人もいる。そういった人間と話し合っても疲労感が増すだけだし、こちらが間違っているのかと不安にすらなってくる。

私が介入するレベルのいじめ事件の場合、加害者の親はまず謝らない。ひたすらわが子の弁護をして、学校や被害者に有形無形の圧力をかけてくる人間がほとんどだ。スポーツでもディベート大会でもないのに、なぜか「勝とう」としてくる。

いじめをする子どもは親の鏡だ。厳しいいい方になるが、子どもが大問題に発展するようないじめの加害者になった時点で、そこまでの子育てに何かしら問題があったのだ。

しかし、子育ては長い。子が無事に成人するまで家庭教育は続けなければならない。その子育てをどう軌道修正していくか、真剣に考えてほしい。原因は一つではないし、瞬間的に成功に切り替わるはずもない。長い時間をかけて少しずつ子どもとの信頼を積み上げていってほしい。

私がこれまで見てきたケースでは、こうした親は例外なく物を与えすぎている。分不相応に高価なものを持っていることもある。親の認識が甘いといわざるをえない。また、子どもに過剰に気をつかう。親子関係というより王子様／王女様とその家臣のようだ。親は仕事などで日々いそがしくして子どもをかまえない後ろめたさからか、言いなりになっていく。

だから、かわいがってはいても、驚くほどわが子のことを知らない。何人の友だちがいるか、特に仲がいいのはだれなのか、放課後どんな遊びをしているのか。子どものことをよく知らないのに、話し合いの席では「うちの子は」と語り始める。

虚心坦懐《たんかい》に聞けば嘘だと分かるレベルの話を信じ込んだり、ほころびを補ったり、弁護士まで使って、なかったことにする。

だが、私が間に入っているケースでは、必ず加害の証拠を積み上げている。いじめている場面の音声や画像をその場で公開することもある。

子どもたちだけで遊んでいる場面で、わが子がありえないほど汚い言葉づかいをし、暴力的な行動を取るのを見せられると、どんな親も固まったようになり、我に返るとおろおろし始める。

だが、たとえ私がそこまでやっても、非を認めるのは全体のわずか1割程度だ。ほとんどの親がどう反応するかといえば、「子どもの問題にこんなことまでする必要があるのか！」と逆上する。中にはフェイク動画だと言い張る者までいる。こうした親は、何をしたところで反省しないのである。

フェイクだと言い張る親に私は「フェイクか否か、鑑定にかけてみてはいかがですか」と勧める。ただし、証明責任はフェイクだと主張する側にある。

「だから、あなたはその費用をご自身で出すことになる。鑑定料はそれなりにかかるでしょうが、ぜひともやってもらえばいいでしょう。弁護士に相談しても同じ答えしか返ってこないと思います。好きなだけどうぞ」

そう伝えると、ようやく黙り込む。お金はかけたくないらしい。かけたところで「フェイクではない」という結果が出ることを重々承知しているのだ。証拠があっても認めないし、謝らない。そんな人間が、少なからずこの社会にはいる。

逆にいえば、きちんと謝れる保護者の子どもがいじめの加害者になっても、私のところにまで来るほどに事態が発展することはまずない。

親の責任を果たせるか、果たせないか。加害者の親は、親の資質、いや人としての資質を試されている。

傍観する父親

親の役割と責任についてもう少し言及しておきたい。

日本では父親の育児参加が他国に比べても低い水準にあるといわれているが、私自身それを実感することが多い。学校からいじめ被害／加害の連絡が家庭に入ったときに、対応するのは十中八九、母親である。

平日は仕事があるからだろうという人もいるかもしれないが、いまどきは母親もフルタイムで働いていることが少なくない。にもかかわらず土日であっても、ぜんぜん出てこない父親が多い。

わが子がいじめの加害者になったら「育て方が悪い」と妻を責め、被害者になったときはどう接すればいいのかわからず、距離を置く。思春期くらいになると子どもとのかかわりが減っている父親も多い。わからない状態で関わると逆に混乱させてしまうと心配しているようだが、子どもにしてみればここに至ってもまだ無視するのかと絶望しか感じないだろう。

いじめ被害者から相談を受けた場合、私はまず事実関係を時系列で整理するところから始めるので、子どもと長時間話す。通常、その場に保護者にも立ち会ってもらうのだが、中には子どもが話をしている間中ずっとテレビを見ている父親や、ママ友から電話がかかってきたといって途中退席して帰ってこない母親もいた。

中には口が重い子どももいる。基本的に、子どもは親に心配をかけてはいけないと気を遣うので、何も話せないままズルズルと事態を悪化させてしまい、今さらもう相談できない、という気分になっているのだ。

そういう子どもの保護者は、きちんとした教育理念を持っていたり、子どもに対して気持ちは大変強いものを持っていたりする。しかし、成長の段階で、子どものほうが親の気持ちをうまくくみ取れない時期がある。双方のタイミングや気持ちが合わないと、コミュニケーションがうまく運ばないことは多々ある。

以前、相談を受けたある被害生徒は、最初なかなか打ち解ける様子を見せなかった。そこで私は、安心させることを優先し、その子の部屋で一緒にゲームをしたり、マンガを借りて読んだりしながら時間を一緒に過ごすことにした。「何か思い出したら教えてくれよ」と最初に伝え、こちらから質問したりはしない。言葉を交わすとしても雑談程度だ。私という存在に慣れてもらい、気持ちを解きほぐしてもらうところから始めたのだ。

それでもなかなか話が始まらない。夜の11時を過ぎてくると、さすがに帰らなければならないので、また次の日に行くことになる。何日か経ったある日、夜10時を過ぎたくらいの時間になって、突然その子どもはいろいろと話をし始めた。

「それはまずいだろう」というレベルの新事実が次々と出てきた。ここは一気に吐き出させようと思ったのだが、ときに泣いたり、怒りを交えたりしながら話すので時間がかかる。

途中、母親に、

「今、ようやく話し始めてくれました。ただ、もしかしたら朝までかかってしまうかもしれません。大丈夫ですか」

と尋ねた。母親は、

「大丈夫です。お願いします」

と許可をくれたので、そのまま話し続けた。終わったのは、夜中の3時だった。

その途中、1時半ぐらいだったと思うが、ようやく父親が帰宅し、母親と喧嘩をしている声が聞こえてきた。何の喧嘩かと思えば、

「なんでまだ探偵がいるんだ、こんな時間まで非常識じゃないか」

と怒っている。

私は、この父親はまだその程度の認識しか持っていないのかと呆《あき》れてしまった。同時に、子どもと真剣な話をした経験がないのだろう、とも思った。子どもから話を聞くのは、とにかく時間がかかる。それを知らないのは、今まできちんと関わってこなかった証拠だ。他人の私がこれほどまでに時間を取っているのに、保護者として「非常識」以外の感想はわいてこないのか。

もちろん、そういう時間になるまで帰宅できないことから見て、就業環境や経済状況も影響しているのではないかと思うが、子どもの一大事を一大事と理解できないのは、親としては相当まずい。

この父親の場合は、なぜか翌日になってつき物が落ちたようにおとなしくなり、協力的になった。状況を理解するまで時間がかかる人もいるのだろうと思うことにしたが、釈然としない思いが残った。

いじめを受件する探偵として活動するようになって、実感するようになったのは、いじめは父親の関わり方次第で結末が大きく変わるということだ。

私自身、朝も夜も休日もない仕事をしているので、なかなか育児参加できない男性の事情もわからないではない。しかし、子育てにはできる限り参加してほしい。学校の行事も年に1度でもいいから顔を出してほしいと思う。

ＰＴＡや地域の行事に参加する父親が少しずつ増えてきているとはいえ、まだまだ少数派だ。しかし、子どもとの時間をしっかりと確保することは、その子が大人になってからの親子関係や、老後の生活にも関わってくる。

いじめ問題で苦しんでいるとき、一緒になって悩んでくれた父親か、われ関せずを決め込んだ父親か。それだけで子どもの将来は大きく変わるだろう。そう思えば、少し行動も変わるのではないだろうか。

子どもがいじめ被害を受けていたら

いじめ被害を受けているとわかったらどうすべきか。以下に順を追って述べていきたい。

（１）問題をセグメントする

いじめ被害にあったら、まずは問題をいくつかに分ける必要がある。これは、被害生徒を限られた期限の中でもっとも早く回復させるために重要なことだ。

大きく「被害生徒のケア」、「被害状況の証拠の収集や整理」、そして「学校や教育委員会、加害生徒やその保護者との交渉」の三つに分けるとよい。

なぜならそれぞれのいじめの特徴もあるが、問題をすべて同じ枠組みで見ると誤りをおかす危険があるからだ。

例えば、加害生徒への何らかの指導を求めることと被害生徒のケアをすることを同じと考えると、加害生徒がいじめを認めず、学校も認めないという方針であった場合、子どものケア（被害生徒）もそれに引きずられてしまう。学生時代は期限があり、その1年は大人の1年とは意味合いが違う。だからこそ、一つの対策が遅れて、ほかも遅滞してしまうような考え方では、全体が停滞するおそれが強い。

（2）被害生徒のケア

被害状況や被害生徒本人の精神状態にもよるが、まずは休ませる、落ち着かせるところから始める必要がある。治療が必要であれば、精神科や心理カウンセリングに行くのもよい。とにかく、被害でどん底になった気持ちを立て直すための環境を整えよう。

次に行うのは、遅れてしまった学習などのケアだ。いじめの被害者は総じて成績が落ちてしまう。四六時中いじめを受けていれば、勉強に集中することはできないし、授業もまともに受けることは難しかったであろう。

私がよく行うのは、少し前の学習ドリルをやってもらう方法だ。これで、どこから学習についていけなくなったのかがわかる。私はマンガやアニメを使ったり、ＮＨＫの教育番組を使ったりしながら、わからなくなってきたところから被害生徒と一緒に学習プログラムを作り上げていく。塾に通っている子には塾講師と話をして、遡《さかのぼ》り学習をハイペースで進めてくれるように頼む。

受験生の勝負が夏休みだといわれるように、子どもたちは一旦《いったん》ペースが上がり始めると、数年遅れていてもすぐにクラスに復帰できるほどになる。

運動に付き合うこともある。運動が苦手な子であっても、現状の心肺機能などを数値で見せた上で、筋肉の動かし方や鍛え方、栄養的な知識を伝えることで格段に運動能力を上げることができる。

たとえば、関東地方のあるいじめの被害者は、運動が苦手で勉強もイマイチであったが、1週間ほどとにかく休んでもらうと、外に出たいという欲求が膨らんできていた。私はほぼ毎日スカイプで30分ほど彼と話をし学習プログラムを子どもと一緒に考え、運動メニューを作った。

彼は夏休み明けから学校に行っていなかったが、11月ごろには、担任が毎日のようにポストに投函《とうかん》する学習プリントをすべて正解できるようになっていたし、心肺機能を高める運動などを取り入れていたため、徒競走も平均タイムで走れるようになっていた。

11月下旬の学校が主催するミニマラソン大会に出場したいという意欲が出てきたので、参加させてみると、いつもはビリであった彼が、平均以上のタイムでゴールした。それで自信がついたのかわからないが、「1日だけ授業に出てみる」と言ってから、学校に通えるようになっていった。

すでに授業の先の単元をやっていたこともあったし、運動をして栄養のバランスを整えたことで少しスリムになったこともあるのかもしれないが、何かをきっかけにして自信を取り戻すことはよくある。ただ、その何かは個人差があるため、手探りでその子にあったものを試していくしかない。

（3）被害状況の証拠の収集や整理

これは何よりも先に行っておく必要がある。役立つのは、4Wを基本軸にすることだ。4Wとは、「いつ when」「どこで where」「誰に who」「何をされたのか what」のことで、これを時系列に並べていく。

私がよくやるのは、ポスト・イットに4Wを書いていくことだ。ポスト・イットを使うのは、被害生徒に聞き取りをしたり、その友人で協力的な生徒に話を聞いていく途中、出来事を思い出して追加することがあるからだ。ポスト・イットならば、貼り直すだけで時系列を整理できる。

それをノートに整理していく。

ノートは見開き単位で使う。各ページを縦に二つに分け、四つのスペースに分ける。

左ページの左半分の欄――主観的な内容

左ページの右半分の欄──客観的事実

右ページの左半分の欄──私の所見。疑問点や証言の根拠となる証拠があるか、など

右ページの右半分の欄──証拠があるかどうか。不足分。確認すべき事柄。それぞれの評価

こうしていくと、ノートがある程度できあがるころには、頭の中でもいじめの被害状況が整理できるばかりか、その経緯をほぼ理解することができるようになっている。

また、私はよくクラスの相関図を作成する。ちょうどテレビのドラマで登場人物の関係性を紹介するように、図にして視覚化する。相関図で関係性の理解が進めば、その中から協力者を見出《みいだ》すことも可能だ。

ただし、人はペルソナといって、それぞれの役割や対応する相手によって見せる顔が異なる。そのため、被害生徒の友人が協力してくれれば、その友人から見た関係性の相関図も作成する。こうしていくつかの目から見た相関図を比較検討することで、いじめの状況も理解を深めることができる。学校の担任などにいじめの経緯を説明する際は、客観的事実のみを抽出してワードでせいぜい2枚程度にまとめる。そのレジメを使って、ノートを見ながら、事実整理を加えつつ説明ができれば、ほとんどの担任などは事態を理解する。

（4）学校や教育委員会、加害生徒やその保護者との交渉

（３）で作った客観的事実を伝えつつ、大きく「いじめについての調査」「いじめの認定」「被害生徒のケアや具体的対策」「加害生徒への指導」などの四つに分けて考える。

この際、必ず各校が設置しているはずの「いじめ防止基本方針」を入手する。これは原則公開のものなので、閲覧を学校側は断ることはできない。このいじめ防止基本方針は、本章の冒頭にも記したが、学校のいじめ対応マニュアルだ。その学校に具体的なものがなければ、学校の設置者である管轄の教育委員会に問い合わせて、同じ「いじめ防止基本方針」を入手すればよい。

このマニュアルに沿って、より具体的な行動をとるように要望する。多くの学校はそのひな形の学校名を変えただけだが、自らが法の要請によって作成し設置したマニュアルなのだから従わざるを得ない。

いじめの限定解釈はしてはならないことやいじめの定義を理解していないとか、いじめ解消の定義を知らないというケースも多々ある。

たとえば、いじめの調査は学校がいじめの事実を把握や確認したときではなく、疑いがあるときとされているから、申告があった時点で、いじめの疑いが生じると解釈されている。この際、個別の面談による調査をするのか、無記名や記名でこのいじめについてのアンケート調査をするのかなどはよく検討しなければならない。アンケートを実施するなら、いじめについてはより具体的に質問する必要がある。

ただ、いじめの定義についても、ここまできたら確認すべきは行為事実のみでよい。そもそも被害者と加害者には一定の関係性はあるわけだし、いじめを申告している以上、被害者はいじめによる心身の苦痛を感じているのだ。もう一つの定義条件からすれば、「何らかの行為事実」があるかを確認するだけでよい。

こうした考えの根拠は、いじめ防止対策推進法の解説書や文科省のホームページにも記載されている。交渉中、パソコンやスマホで調べて見せるというのも手間だし気が散るので、私は関係するページなどをプリントアウトして配布するようにしている。

ただし、学校はいじめ認定をしたがらなかったりするから、（４）は遅滞することが多い項目といえる。特に、加害者側の保護者などと話す機会があっても、平行線をたどることも多い。根拠があり証拠があれば論破することもできるが、論破するよりは、上手に質問と説明を組み合わせて話を進める方がよい。

とはいえ、やはり揉《も》めることが多いので、あまりに理解力がないようであれば、事前に予防線やＮＧキーワードを決めておき、一旦交渉を打ち切るなど戦略は練っておく。こうすれば、その場の雰囲気でズルズルと引き延ばすこともないだろう。最悪裁判までも検討する必要もある問題だからこそ、この交渉などは電話連絡などに至るまですべて録音すること。発言は一度しか録《と》れないと考えて、録音は絶対不可欠だと考えてほしい。

傍観者としての子ども

いじめは「被害者」と「加害者」に加え、もう一つの属性がある。「傍観者」だ。いじめの事実を目の当たりにして、敢然とそれに立ち向かえるほど心の強い子はそう多くはない。見て見ぬふりをする、遠巻きに眺めるなどの態度を取る生徒がほとんどだろう。

もちろん、中には陰ながら被害者を支える子はいる。しかし、矛先が自分に向かってこないか心配で、なかなか行動に出られないことが多い。

教員や保護者との信頼関係がしっかり築けている場合は「実はこんなことが……」と相談してくることもある。この場合、まず子どもの訴えをよく聞いてあげてほしい。

保護者は、間違っても「関わっちゃダメよ」などというアドバイスをしてはならない。いじめが不正義だと認識できているわが子の決意を軽んじるものになるし、それを言われた子どもは親に対して大きく失望するだろう。

保護者であれ教員であれ、訴えてきた子どもの話をゆっくりと聞き、いじめの態様をよく確認する。その上で、どうするか判断をする必要がある。

最初にすべきは、告白した児童生徒の心のケアだ。その子は間違いなく大きなストレスを抱えている。解決法や結論を導きだすことはひとまず置いて、「勇気をもってよく話してくれたね。ありがとう」と言葉をかけ、まずは気持ちを受け止めてあげてほしい。

教員の場合、この次に取るべき行動はただ一つだ。ガイドラインに則《のっと》っていじめ対策チームを作り、可及的速やかに被害者救済に向けて動かなければならない。

一方、保護者であれば、担任に相談するか、被害者の親に伝えるかなど方法は異なってくる。通常は担任に報告し、まずは様子を見てもらうのが良い。だが、担任が一向に動かない場合は、校長に問題を報告するなど、別の手段を取る必要がある。

いずれにせよ、保護者はまず、いじめに気づいて「これはやってはいけないことなんだ」と思えた子どもを褒めてやってほしい。そういう気持ちを持っていることが何より大切なのだ。

訴えた子はどうしたらいいか。もちろん、矢面に立つ必要はない。しかし、同じように心配しているクラスメイトはほかにもいるはずだ。

だから、まずは問題意識を共有できる仲間を見つけてほしいと思う。一人ではできないことでも、仲間がいれば勇気がわいてくる。もし担任が頼りなかったとしても、学校のどこかに頼れる先生はいるはずだ。そういう先生に話をして、仲間になってもらうのも一つの方法だ。

子どもにはきっぱりとした態度で

いじめのエスカレートを防げるか否かの多くは、親にかかっている。ことは加害者の親だけの問題ではない。被害者の親の振る舞いもまた、いじめ事件の解決には大きく関わっている。

親子関係が子どもの人格形成に強く影響することはいうまでもない。抑圧的・強権的な親がもたらす弊害についてはいまやだれでも知っている。そのため、いわゆる「友だち親子」が増えているのは間違いない。ただ友だち親子ならいいのか、と問われたら、私は首肯することもできない。昨今の親は子どもに対して異様に気を遣っているように見える。わが子を家庭の小さな王様にしてしまっているのだ。

たとえば、家の廊下で親と子がすれ違ったとする。すると、親の方が体を引いて、子を先に通す。どうしてそこまで自分の子どもに気を遣うのか、不可解でならない。私なら、子どもが避けなければそのままドーンとぶつかっていく。

もちろん、子どもにだって人権もプライバシーもある。しかし、自立した成人と違い、保護者が適切に管理、制限するのは当たり前なのだ。

「子どもの権利条約」第五条には、こう書かれている。

父母若しくは場合により地方の慣習により定められている大家族若しくは共同体の構成員、法定保護者又は児童について法的に責任を有する他の者がその児童の発達しつつある能力に適合する方法で適当な指示及び指導を与える責任、権利及び義務を尊重する。

子どもの人権を守るための条約にも、保護者による指示や指導を権利とともに義務として明記してあるのである。親は親らしくあってよい。それが子どものためになるのだ。

強権的になれといっているわけではない。そんなことをすれば、子どもが反発するのは当たり前だし、ろくなことにならない。このあたりのさじ加減については、自分の子ども時代を思い浮かべるのがよいのではないだろうか。

たとえば、個室が与えられていたとして、親がノックもせずにいきなり入ってきたらどうだろう。きちんとノックをして、「今ちょっと話したいんだけどいい？」と尋ねられたなら、「いいよ」「今はダメだから1時間後にしてほしい」というような会話が成り立つ。

親が勝手に自室に出入りするのは嫌だったと思う。だが、自分できちんと掃除をしないのであれば、学校に行っている間に掃除されても文句はいえないはずだ。

こういう「親子としての常識的なライン」というのは確実にある。私には娘がいる。私は男親なので、彼女に対して異性としての気遣いはするが、それ以外は親として当たり前に接する。

子どもははれものではない。

以前私が担当した事案の中に、いじめの被害者が加害者から強請りを受けていて、そのお金を調達するために親の財布からお金を盗んでいたことがあった。実際、こういう事例は多い。

金銭管理によほど無頓着《むとんちゃく》でない限り、親は早々に気づくだろう。そして、犯人がわが子であることも察知するはずだ。

しかし、このケースでその親は「子どもが盗みを働いていた事実に気づかなかった」と言った。気づいていても問い詰められなかったというケースもあった。

わが子が泥棒だと思いたくないからだろうか。なるべく現実を見ないようにしているように思えてならなかった。情緒不安定になっている子どもに気をつかって何も言えないのかもしれない。

しかし、親がきちんと子どもに向き合い、なぜ財布から金銭を盗むのか、その理由を聞きさえすればいじめの事実が発覚し、早期に手を打つことができるのだ。

こんなケースもあった。

とある親御さんから、どうやら子どもが財布から金銭を盗んでいるらしい、どうやって止めればいいのか、と相談を受けた。私はとりあえず子どもに聞いてみるようにアドバイスしたが、親の方から盗んでいる現場を押さえるために、隠しカメラを設置して撮影してほしいと言ってきた。

普通の感覚なら、そんな回りくどいことをするよりも直接問いただせばいいではないか、と思うだろう。子どもも、親が自分に隠しカメラを向けたと知ったら、少なからずショックを受けるかもしれない。

しかし、その親御さんは、証拠がない段階ではどうしても子どもを問いただすことができないと言う。子どもを傷つけたくないという気遣いより、親として子が泥棒である現実に向き合えない気持ちの方が強いのだと感じた。

彼らが探偵である私に相談をしてくるのも、第三者である私に問題を任せてしまえるという部分が大きい。その場では親もいわば被害者であり、逃げの気持ちがあるのだ。

とはいえ、その親たちもただ弱気なのではない。いざ相手を叩《たた》いていいと思うと、人が変わったようになる。

あるケースでは、いじめ事案が発生し、学校側の対応が後手後手になったせいで対応が遅れた。依頼を受けた私たちが介入して状況を整理し、加害者が判明した。学校もようやくいじめの事実を認めた。

学校は加害者に対して指導を始めたが、それがなかなかうまくいかない。いじめ対策をするのは学校の義務であるので、私は学校側に再三にわたって改善を申し入れた。ときには、学校の不作為や怠慢を指摘した。

すると、それまで大人しかった保護者が、突然私の言葉を盾に取って、徹底的に学校を叩き始めた。猛烈な勢いで怒鳴り、汚い言葉を投げつける。一緒にいた私が「いい加減にしてください」と注意するほどだった。親自身もコミュニケーション不全の問題を抱えているのだと思わざるを得なかった。

まずは親自身が子どもとの関係性を振り返り、また自身の社会や他人との関わり方を冷静に見直す必要がある。

予防教育への働きかけ

私はいじめがどの学校でも起きることを前提に、学校ではぜひ予防教育に取り組んでほしいと思っている。保護者は学校が取り組んでいるかを確認し、もしやっていないようなら働きかけてほしい。

予防教育とは、読んで字のごとくいじめ被害を予《あらかじ》め防ぐための教育だが、これは児童生徒だけが対象ではない。むしろ、教員やＰＴＡなどの大人こそ受けるべきものだと私は考えている。

基本的に、どこの教育委員会でも、いじめ対応についてのマニュアルは作っている。中には膨大な予算を使って、オリジナルビデオを作っているような自治体もある。しかし、それを通読したり、活用している教員は稀《まれ》である。法律を読んでいる教員が少数派なのでむべなるかなだが、それどころか、教育委員会の担当者でさえ内容を把握していないことがある。

なぜか教育委員会は積極的にそれらを配布しようとしない。現場の先生たちはぜひ、教育委員会に問い合わせて教材を取り寄せてもらいたい。そして、予防教育に利用してもらいたい。

私はこれまで各地の学校に出向き、さまざまな先生方と話をする機会をもってきたが、私が予防教育の重要性を主張すると数割の先生たちは「やっぱりやらなきゃダメだよね」と納得してくれる。

しかし、いざ生徒にビデオを見せて、その後アンケートを取るところまでやってくださいとお願いすると、及び腰になる。それでなくてもやることが多い教員にとって、イレギュラーな作業をするのは抵抗感が強いし、優先順位も下がる。

だが、生徒にビデオを見せて、その上で感想や最近の見聞について書いてもらうアンケートを取ると、無記名でやればかなり情報が集まる。どんな些細なことでもいい、むしろ些細なことが重要だと事前に説明しておけば、生徒も積極的に協力してくれる。

子どもたちは時に驚くほど邪悪だが、同時に感動するほど純粋でもある。身を浸している水の色に染まりやすいのだ。だからこそ、水をきれいに保つのは大人の責任なのである。

先生方にとっては釈迦《しゃか》に説法になってしまうが、小中時代の子どもたちの成長は著しい。一方で個人差も大きい。よって、クラスの雰囲気によって、効果的な予防教育は変わってくる。生徒の精神的成長のレベルに応じた内容にしなければ、子どもたちの心に届かない。

小1なら「いじめはいけませんよ」というようなストレートな内容でも素直に聞いてくれるかもしれないが、小6だと表向きは「わかりましたー!」といいつつ、裏では「バカじゃね?」ですませてしまうだろう。

中学生、特に中3ぐらいの年齢になると、いじめは単なるクラス内の問題ではなく、社会的に制裁を受ける可能性のある犯罪であり、刑法および民法を根拠として責任を問われかねない重大事案なのだと理解させるのがいい。

自分のクラスのレベルに応じた教材を使用して、まずはスタートアップをしてもらいたい。教材に関しては、各教育委員会が必ず何らかの用意をしている。それを使って、子どもたちに

「いじめ」とはなにかを伝えてほしい。

予防教育を徹底した事例

学校が予防教育を徹底し、体制を整えたことで理想的な教育環境となった例がある。東京都足立《あだち》区の辰沼《たつぬま》小学校だ。

この小学校では、学校の中に「辰沼キッズレスキュー」という集まりがある。これは部活動ではなく、参加は任意なのだが、生徒の7割が加入している。キッズレスキューに所属する子どもたちは、みんないじめの予防教育を受けている。どういうことをするといじめにあたるのか、正しい知識を学んでいる。

その上で、ルールとして、いじめをしないことはいうまでもないが、これはいじめかなと思ったらすぐ謝るとか、しつこいいじめを発見したら決められた先生に伝えるなど、いじめに接した際の行動が細かく定められている。もちろん、先生はきちんといじめの対応方法について研修を受けている。

キッズレスキューの子どもたちは休み時間や給食の後の時間などに、旗を持って校内を回る。ある種の自警団のようなものだが、そこまで格式ばったものではなく、みんな楽しみながら校内を見て回る。そして、いじめの萌芽《ほうが》を見つけるとその場で注意したりもする。

校内の7割がそうした意識の高い子どもたちに占められたら、いじめはまず発生しない。発生したとしても芽のうちに摘みとることができる。

子どもは、生徒間のいじめに対してはとても敏感だ。だからこそ、大人がそれを放置すると、「あれはやってもよいことなのだ」と誤った方向に学習してしまう。

性格的にいじめをしやすい子というのは確かに存在する。その場にいない人間の悪口をいうことで周囲の関心をひこうとするような子や、だれかを叩いたり蹴《け》ったりして、嫌がる様子を周囲に見せることで笑いを誘おうとするような子だ。

もし、その生徒の所属するクラスが、その行為をいじめと判断できず、一緒になって笑っているようだと、その子はどんどん増長していく。そしてクラスのいじめの中心人物になって、いじめが常態化するクラス構造ができあがる。

しかし、子どもたち自身が「おまえ、それいじめだからやめろよ」と注意できると、注意された方はやりづらくなる。教室全体が、いじめを許容しない空気になっていくのだ。そうしたクラスが増えていくと、学校全体に浸透し、やがていじめがない学校に生まれ変わっていく。

子どもたちが主体的にいじめを防止する

繰り返すが、いじめが100パーセント発生しない環境を作ることは、人間が人間である限り不可能だ。だが、大きく育つ前に断つことはできる。そして、これがもっとも効果的ないじめ防止だと私は考えている。いじめを起こしてはいけない、というのではなく、芽が小さなうちに摘み取るというのであれば、教員の負担もずいぶんと軽くなる。

この仕組みを考えたのは、辰沼小学校の校長をしていた仲野繁《なかのしげる》氏だ。仲野氏はもともと中学校および高等学校の数学教師だった。中学校では30年間、生活指導をしていたが、２０１０年から辰沼小学校の校長になり、そこで独自の「いじめ防止教育」を始めたのである。

私がこの取り組みを知ったのは、辰沼小学校の近くに住み、ボランティアで交通整理をやっている、あるおじいさんがきっかけだった。ずっと子どもたちを見守ってきた方で、「今の校長がすごい取り組みをしてるんだよ」と教えてくれた。

やがて、文科省のいじめ関連の報告書にも仲野氏の名前があがるようになってきた。そして、内容を読むうちに、これは素晴らしい取り組みだと心から思うようになったのだ。

仲野氏は、いじめ対策は「解決より防止が重要だ」と明言している。

もう一つ特記すべき点が、加害にしろ、被害にしろ、いじめの当事者となる児童生徒自体を取り組みの主体としている点だ。

いじめは大人からは見えないことが少なくない。しかし、これまでのいじめ対策は大人の「気づき」を前提にしていた。これでは限界がある、と氏は言うのだ。

いわば、いじめ現場の最前線にいる子どもたち自身が能動的・主体的に取り組める仕組みづくりをするのが、もっとも効果的だとするのだ。

その上で、仲野氏はこう考えた。

人の行動を決める3要素は「ルール」「モラル」「環境」である。その中でもっとも重要なのは「環境」だ。いじめを取り巻く環境は、「被害者」「加害者」「加担者」「傍観者」「防止者」「無関係者」の六つの立場が作る。そうであれば、「防止者」を増やすことが「事前防止」に大いに役立つはずだ。よって、「防止者」を作る仕組みを考えるのが、教師の役割である。

その具体的な方法論は、インターネットで氏の名前を検索すればいくらでも出てくるので、そちらをご参照いただきたいが、結論からいえば、大人側が「ルール」「モラル」をしっかりと担保してやれば、この仕組みは大変有効なのだ。

まず、「キッズレスキュー」の参加不参加は完全に生徒の自由意志に任される。入ったからといって、「活動が楽しい」以外の特権はなにも発生しない。出入りも自由だ。また、上級生と下級生の関係はあっても、組織的な上下関係はない。参加者と不参加者の間にも差はない。「監視する」という雰囲気はない。

高学年になると、受験や習い事などの理由で次々と抜けていく。しかし、一度はいじめに関しての知識を学んだ子たちなので、ＯＢのような立場で後輩をサポートすることができる。

また、教員をはじめとする大人たちは、サポートと同時に、正義が暴走しないよう適宜介入することが重要になる。そこは丁寧に見ていかないと善意が暴走しかねない。

主体性を大切にしつつ、大人が適宜サポートと軌道修正をする。これは学校教育のみならず、子育ての理想といえるだろう。

そして、子育てがそうであるように、教員もキッズレスキューに関わることで教育者として学びと成長を得ていく。トライ・アンド・エラーが何より大事なのは、大人も子どもも問わない。

２０２０年現在では、仲野氏は退職し、辰沼小学校の校長の座も辞されている。よって、辰沼小学校の取り組みの真価が問われるのは、これからだろう。私も今後を見守りたい。

第五章　子どもを守りきるために

ここまで学校で起きたいじめについて、教育現場や親がどう対応しているかをつづってきた。すでにお気づきの方もいるかもしれないが、学校のいじめは、大人社会の縮図だ。これは、決して概念的な話ではなく、実際に存在する大人社会のひずみが、子どもたちの行動に強い影響を与えている。

本章では、枠を広げ、社会全体の大人として何ができるのかを考えていきたい。

法律で定められた大人社会の責任

いじめ防止対策推進法は基本的に学校をはじめとする教育関係者と国や地方自治体といった行政を対象にしたものだが、校外の人間に対しても言及している部分がある。

まず保護者に関しては、次のように言及している。

（保護者の責務等）

第九条　保護者は、子の教育について第一義的責任を有するものであって、その保護する児童等がいじめを行うことのないよう、当該児童等に対し、規範意識を養うための指導その他の必要な指導を行うよう努めるものとする。

2　保護者は、その保護する児童等がいじめを受けた場合には、適切に当該児童等をいじめから保護するものとする。

3　保護者は、国、地方公共団体、学校の設置者及びその設置する学校が講ずるいじめの防止等のための措置に協力するよう努めるものとする。

4　第一項の規定は、家庭教育の自主性が尊重されるべきことに変更を加えるものと解してはならず、また、前三項の規定は、いじめの防止等に関する学校の設置者及びその設置する学校の責任を軽減するものと解してはならない。

条文を見る限り、あくまでも努力義務ということになっている。

これは、学校と保護者の関係性において、保護者の方が格段に立場が強い現実を反映しているものと考えられる。

保護者は本来的に「子の教育について第一義的責任を有する」。日本では、子どもを育て上げるのは学校の責任ではなく、養育する保護者の責任ということになっている。

だが、どこの親も完璧《かんぺき》ではない。日々迷いながらなのは私も子育てをしているからよくわかる。後悔など数えきれない。しかし、そういったレベルではなく、明らかに問題がある親がいる。それは虐待をしているとか、窃盗をしているとか、そういった明らかな犯罪をしているのではなく、第四章でも紹介した妄信的に子どもを守る親のことだ。彼らは押しなべて子どもに「誤った成功体験」を持たせてしまう。

子どもに影響する大人社会の歪み

学校内でのいじめは、ほとんどの場合、クラス内でのヒエラルキーが大きく影響する。このヒエラルキーは何で決まるのだろうか。イメージでは、容貌《ようぼう》や運動神経、成績といった能力的なところから、腕っぷしの強さまで、子どもたちそれぞれが持つ資質で決まりそうに思うかもしれない。

実はそれよりも影響が大きい要素がある。保護者の社会的ステータスだ。保護者の社会的ステータスが高いと、比較的スクールカーストの上位となりやすいのである。公立だと地域のヒエラルキーがそのまま反映するし、私立の場合は親の収入や職業がひとつの判断基準になる。その源となっているのが実は保護者同士のマウンティングだ。

経験上、いじめの首謀者になる生徒の保護者は、学校の先生や弁護士、医者など社会的ステータスが高いことも少なくない。こういう親子が相手だと、学校側も遠慮が働く。

とあるいじめ事件の主犯の保護者は、地元では古くからある保育園の園長で、地元の名士だった。教育論だけは一人前で、加害生徒も成績はよかった。ぱっと見、問題がある子には見えない。

しかし、よくよく話をしてみると、保護者は加害生徒ときちんと向き合う時間を取っていなかった。教育者ほどわが子の教育はおろそかになるのかもしれない。

結局のところ、加害生徒にしてみれば、自分が必要なとき保護者はいつも不在で、話を聞いてもらえないというストレスが根っこにずっとあったようだ。保護者の、自分の力量に関する過信が、いじめ加害者を生んでしまった。

第三章でも取り上げたが、神戸市で起きた教員同士のいじめ問題は社会に大きな衝撃を与えた。しかし、職場でのいじめは特に珍しいものではないし、世の中にはいじめの加害体験をあたかも武勇伝や笑い話のように語る人間もいる。

たとえば、私が教員向け講演会などをやった後の打ち上げに参加した際、おそらく酔ってのことだと思うが、隣に座る人を何度も叩《たた》いたり、いろんなものを混ぜた飲み物を作り、「これを飲ませたらいじめですか」などとへらへら笑いながら聞いてくる人がいた。

「それはいじめではありませんよ」

と答える。学校が扱ういじめの定義上、対象は生徒児童に限られるからだ。

そしてこう言う。

「それはハラスメントです」

研修後の解放感もあるだろう。年齢が高いほど、飲み会の場での行動がゆるい傾向もある。いちいち目くじらを立てるつもりはないが、講演を聞いた直後、もっとも意識が高まっているはずのタイミングで、宴席上とはいえ、私の話したことは伝わっていないのではないか、果たしてこの人たちは大丈夫なのかと本気で心配になる。

もちろん、一般社会でも同じようなことは日々あるだろう。最近でこそ組織内でのパワー・ハラスメントへの意識は高くなってきたが、力の上下関係を利用した嫌がらせやいじめ行為は社会のどこにでもある。

そして、教員はその被害者になりやすい。学校は教員より保護者の方が立場が強い上、それを利用して威圧する保護者も少なくないからだ。そして、教員は威圧タイプに大変弱いと感じる。

もし、保護者が教師に対して頭ごなしの態度で迫り、先生がペコペコと低頭していたとしよう。生徒にしてみたら、自分たちには絶対的な権力を持つ教師が、わが親には頭が上がらないのである。うちの親はなんてすごいんだと誤解し、一方で教師を馬鹿にするようになる。さらにいえば、自分も他人を威嚇すれば周りから一目置かれるようになると学習してしまう。とんでもないモンスターに育つのだ。

そう考えると、子どもより保護者の教育が必要だとしみじみ思う。子どものいじめ行為は、大人の歪《ゆが》んだ認知が誘発するといって過言ではないだろう。

問題の根は同調圧力

もうひとつ感じることがある。被害家族にせよ、加害家族にせよ、一旦《いったん》この相手は叩いていいと思ったら、徹底して攻撃する人が非常に多いということだ。

ＳＮＳではしばしば炎上事案が発生するが、社会全体が怒りの矛先を常に探し、正義の美名のもとに一斉に襲いかかる。しかし、その動機の正体はというと、ほかの意見を認めないという歪んだ自己愛的正義感だ。一種のストレス発散にも見えるが、その実、ストレスを溜《た》めている。コミュニケーション障害のようなものだ。結果、執拗《しつよう》に相手を叩き、論点をずらし、まともな会話も成り立たない。

学校の中でも、同じことが起こる。学力が高い学校では受験期にいじめが起こりやすい。大学への進学率が低い学校では、将来が見えないことへのストレスがいじめとなって表れる。富裕層が多い地域はほかの子よりものんびりとした優しい子がやられやすい傾向があり、貧困層が多い地域はいわゆる幸せな家庭の子が狙われる。

これらの根っこにあるのは、日本社会に蔓延《まんえん》している同調圧力だ。

そもそも学校自体が人間を同じ箱に押し込んで同じ教育を受けろ、みんな平均的であればいいという考え方で運営されている。あれほど批判されたゆとり教育だが、一人一人に合ったのびしろを大切にしていくという点で、評価すべき点も多々あると思う。この世代には羽生結弦《はにゅうゆづる》や大谷翔平《おおたにしょうへい》など、世界的に活躍している選手が目に付く。

繰り返しになるが、人が集団になればかならずいじめは発生する。そして、小さな社会であるほど、被害者は逃げ場がなくなり、重大事態に発展しやすい。田舎だと人も環境ものんびりしているから、いじめも起こりにくいだろうと考える人もいるようだが、私が直接出向くほど事態が悪化する事案は、実は地方の方が多い。しかも、地域によっては警察も学校も一丸となって「いじめ」を認めないための妨害工作をしてくることもある。

公道を歩いていたら手錠をかけられた

信じられないと思うが、こんなケースがあった。

ある地方の小さな町でいじめ事件が起きた。どれぐらい小さい町かというと、封筒に下の名前だけ書いてポストに投函《とうかん》したらきちんと本人の家に届くというほどだ。

私が保護者から相談を受けて話を聞くと、「殺す」などと書いた脅迫状が家の周辺にバラまかれているという。非常に悪質であり警察の介入が必要と判断し、保護者を通じて学校と警察の両方にアポイントメントを取ってもらった。

その町に出向く前に保護者から連絡があり、警察署などに駐車できるようにするため、事前に車のナンバーを教えてほしい、という。何の疑いもなく伝え、当日その土地に出向いて驚いた。インターチェンジを降りたところにパトカーが停まっていて、私の車を見つけるや、後からついてきたのだ。

さすがに不気味になり、私はわざと近くのコンビニに車を停め、同じように停まった警官に声をかけた。尾行に気づかれていないと思っていたのか、なにもしていないととぼけるのだが、堂々とパトカーで後を追ってきたのだ。呆《あき》れるほかない。

彼らにしてみれば、「探偵」という怪しげな人間がコミュニティに入ってくるというのは、パトカーが出動しなければならないほどの警戒心を呼び起こされる事態なのだ。

当然、学校も協力的なはずがない。彼らにしてみれば、自分たちの町は「のどかなよい土地」であって、いじめなどあってはならないし、ましてや余所者《よそもの》に介入されるなどもってのほかなのだ。

結局、私は学校も警察も当てにせず、独自に調査することにした。

カメラを持って周辺を調べていたら、警察がやってきてウロウロするなと言う。どうやら、学校の校長が通報したらしい。私が調べているのは学校の敷地でも私有地でもない公道だ。行動を咎《とが》められる筋合はない。

その後、「捜査の邪魔をするな」という名目で警察署に保護者とともに行くことになった。

そこで、保護者とは離されて、私だけが取調室に入れられた。上着を脱ぐように指示されたのは、録音機などがあるのを調べるためのようだった。

そして、手を調べるというので、腕を出したら、いきなり片方に手錠をかけられた。

当然私は頭にきて、

「手錠をかけた理由はなんだ」

と問うと、その警官はこう言った。

「理由などいらない。あとからいくらでも作れる」

そう言いながら、ハンガーにかかっている私の上着のポケットに警官自身の財布を入れて、

「これで窃盗だな」

と言い放った。もはや法治国家ではないのだ、と他人事《ひとごと》のように思った。

ただ、警察にとって不運だったのは、ある地上波テレビ局の報道のディレクターが偶然その日、私に同行していたことだった。警察署内にテレビカメラを入れる場合は許可が必要なのだが、彼はそれを取っていなかったので、車の中で待機していた。なかなか私が戻ってこないのでカメラを回しながら署内に入ってきたらしい。

私を見つけると、撮影しながら、

「あれ、阿部さん、逮捕されたんですか」

などと言うものだから、警官たちは慌ててしまった。地方の警察官はマスコミ慣れしていない。東京の大マスコミが来て、不法行為をしているところを偶然とはいえ、ばっちり映像に収められたのだ。慌てて手錠をはずそうとするので、私はそれを遮り、手錠をした理由をはっきりと述べるように求めた。当然、言えるはずがない。

結局、副署長が出てきて詫《わ》びを入れてきた。その後の調査のこともあるので、不問にした。地方の小都市というのは警察も学校もこれほど無茶苦茶なのかと暗澹《あんたん》たる思いだった。どちらにしても、これでもう干渉してこないであろうと思った。

一方で、解決の突破口になったのも田舎特有の人的ネットワークだった。

警察はまったく当てにならないことがわかった私は、脅迫状がバラまかれている場所周辺の土地に監視カメラを仕掛けることにした。カメラを置きたい場所の地主や自治会長に直談判《じかだんぱん》し、設置を許可してもらったのだ。また、農家は鳥獣被害監視用のカメラを設置していることが多いので、その角度を道に向けてもらうようにお願いした。

その際に力になってくれたのは、たまたま知り合ったみかん農家のおじさんだった。購入したみかんがとても美味《おい》しかったので、行くたびに箱で買っていたら仲良くなったのだ。事情を話すと「それはいかんな、協力してやるよ」とあちらこちらに声をかけてくれた。

おじさんたちは、

「犯人の子どもが自分から名乗り出るのは難しいだろう。むしろちゃんと証拠を押さえて、言い逃れできないようにしてから、きちんと自分の行為を認めさせ、謝罪と反省をさせればいい。そのために協力しよう」

そう申し出てくれたのだ。

田舎ではちょっと変わったことがあればすぐ噂が広がる。私の行動が広まったのか、あるときを境に、脅迫状のバラまきがぱったりと止まった。

だが、その時点である程度は犯人の目星はついていた。被害生徒の同級生の男の子だ。手紙のようなものを持ってうろついている姿が何度もカメラに写っていたのである。

それを学校に見せたところで協力してくれないのはわかっていたので、私は犯人と思われる本人に直接話を聞きたいと伝えてほしいと被害者の保護者に頼んだ。

ただカメラに写っていたからという理由だけでその子に目星をつけたのではない。脅迫状や落書き以外のいじめ行為に、その生徒しかできないと思われる行為があったのだ。彼は、被害生徒とはおさななじみで、互いの家に出入りすることもあった。それが一転、いじめ行為になったのは恋愛感情の歪みだったようだ。いずれにせよ、二度とさせないために、翌月にはきっちりと聞き取り調査をするはずだった。

ところが、予想外の事態が起こった。

加害者と思われる男子生徒の母親が急死したのである。死因は病気だと聞かされたが、前に姿を見たときはとても元気で、数週間で命を落とすようには思えなかった。自ら命を絶ったのかもしれない。どちらにしても、すべては不問となり、いじめもなくなった。男子生徒は被害者に謝罪したそうだ。

亡くなった母親は、最初は自分の子は絶対にやっていないと言い、両家は喧嘩《けんか》になっていた。しかし、だんだん本当のことがわかったのだろう。もしかしたら、加害生徒が本当のことを話したのかもしれない。

結局のところ、真相は藪《やぶ》の中になってしまい、加害生徒はその後転校したという。いじめは解決したとはいえ、なんとも後味の悪い終わり方だった。

田舎の子どもが、都会の子より幼いのは間違いない。中学生でもゴム飛びで遊んでいるようなのどかさである。しかし、インターネット時代においては、知識や情報は都心の子どもと変わらない。大人が抱いているイメージより、内面はよほど進んでいる。一方、大人たちは旧来の村社会でしか生きられない。そうした歪みが、悲劇的な結果につながったのだろうと私は思っている。

地域の力、外部の力

ちょっと極端な地域の例を出したので、驚かれた読者もいるかもしれない。

いじめの問題において、地域の力は大きい。親や学校に加え、地域など、第三者が関わることで、教育はより風通しよく、質を高めていける。学校自体が地域に開かれているかどうかはとても重要だ。

本来、外部の力としてはＰＴＡが主体的に動くのが一番いいのだろう。ところが、現状では役員の強要などで敬遠する保護者も多く、設立の理念通りに機能していない。

しかし、公立校ではＰにあたる保護者は地域住民でもある。その地域住民が動けば、自治会など今は学校に直接関係ない地域住民も参加してくれるようになる。

いじめ問題は世代や性別、生まれ育った環境によって捉え方がまったく違う。あくまでいじめ防止対策推進法に基準を置くという前提をしっかりと共有したうえで、地域住民がどう動くべきかを協議するとよい。

開かれた学校の理念には共感しつつ、外部の人間が出入りすることを不安視する声も聞く。この件について私は、すべての学校内、もしくは隣接した場所に交番を作ることを提案したい。

近年、名古屋市などでスクールポリスを制度的に行っている地域もあるが、退職警官が主体である。やらないよりはずいぶんいいが、中高生の半グレともなると、「どうせ本物の警官じゃないから逮捕できない」「ただのジジイだ」となめてかかるのは目に見えている。校内暴力への抑制力として期待されているが、実際に暴力をふるうような生徒は本物でないと怖がらない。交番を作れば、警官が近くにいると思うだけで抑止力になるだろう。

学校に警察を入れることへの反発や懸念もあるだろう。そうではなく、私が提案するのは、校門横のスペースなどに交番を作るだけのことだ。学校運営には関わってこない。

教員は学校の自治に強い自負を持っている。もちろん、学校の自治権は国が認めているし、戦前の反省から生まれたという経緯があるから尊重すべきというのは理解している。

しかし、実質的な自治権はすでに有名無実になっている。教科書は自治体が選んだものしか使えず、学校長の権限が強化され、職員会議では校長の方針と異なる決議をするのはむずかしい。

いじめ問題については、学校側が重ねた失策によって、自治は崩壊したと思ってほしい。いじめ防止対策推進法には、保護者や地域住民をはじめ、警察、カウンセラーなど、いろんな人たちが学校に関わるように明記されている。これはつまり国が学校に解決能力はないと宣言したに等しい。

学校自治がしっかり機能していたら、そもそもいじめ防止対策推進法という法律はできなかったはずだ。学校が機能不全を起こし、硬直状態にあるから、法律が必要になったのである。「茶髪証明書」や「下着は白でなくてはいけない」などのブラック校則や、骨折などの負傷が年間８０００件超も報告されている組体操など、学校の問題は山積している。一つ一つ学外から指摘され、新しい発想で校則をなくした学校が成功する事例が出てきている中、多くの教師の考える「自治権」、つまり自分たちが統治する形態はすでに時代遅れであり、今後必要とされることもないだろう。

各都道府県には校長会があるが、彼らは一様にいじめ問題に部外者が入ってくることに抵抗する。その根拠として学校の自治権を挙げるのだが、よくよく聞けば、

「学校は自分がコントロールし、支配するのだ」

と言っているだけである。その理由についてそれぞれがもっともらしい説明をしているが、その底には自分たちの常識やコントロールが通じなくなることへの抵抗感、恐怖感が透けて見える。独裁的、封建的な考え方に基づいた抵抗なのだ。そういうやり方がまかり通っているのが日本の教育界である。そして、残念ながら、現状のままでは流れは変わらず、連綿と受け継

がれていくだろう。いじめがなくなることもない。

しかし、少しずつ変化は見え始めている。

たとえば、イエナプランの受容だ。これは、1924年にドイツ・イエナ大学の教育学者ペーター・ペーターゼンが提唱した教育モデルで、現在ではオランダでもっとも普及している。根幹には子どもたちの自立性と独自性を尊重し、自ら考えて動き、社会で協働できる市民を育てるという理想がある。

イエナプランにおいて、教室は教師が一方的に教える場ではなく、生徒たちが一日を過ごすリビングルームと捉えられる。担任はグループ・リーダーで、生徒たちを導く役割はあるが、自主性は最大限に尊重する。教室は、今の日本の標準的なスタイルのように黒板に向けて机がずらりと並ぶのではなく、作業用のテーブルを中心に置くほかは、決まった席はない。このほか、読書用のソファーや情報検索用のコーナーなどが設けられる。ただし、すべてが画一的に同じ形を取るのではなく、内装や設備は子どもたちの選択に任される。

また、異年齢の子どもやディスアビリティを持つ生徒も同じ室内で学ぶ。

日本では詰め込み型教育が復活してきているが、それと逆方向を行くのがイエナプランだ。日本でも一部には新しい考えに同調し、進めようとする人たちがいる。今後の世代交代に期待したいところなのだが、いざ権力の座につくと一転して保守的になる人間も少なくないので、まだまだ時間はかかるだろう。権力の魔力は恐ろしい。

警察の役割

学校と警察の距離感が良い方向に縮まれば、警察も、子どもの問題に介入しやすくなる。

大津いじめ事件では、保護者が繰り返し出していた被害届を、警察がことごとく不受理にしていたことが強く非難されたが、あれなども従来の学校と警察の関係性の上でしか物事を考えられなかったせいで発生した不祥事だと思う。

そうした反省を受けて、いじめ防止対策推進法には必要であれば警察が介入するようにと明記されている。警察も、学校にいちいちお伺いを立てないと校内に入れないと思っているのであれば、考えを改めてほしい。

いじめには第一章で述べたように知能犯系と粗暴犯系があるが、どちらも警察の介入が解決の突破口になることはある。

たとえば、粗暴犯系はいわゆる指導困難校と呼ばれる学校でよく起こる。地方に行くと昭和の時代をほうふつとさせるようなボンタン姿の高校生がいたりする。生徒同士の喧嘩沙汰《ざた》や窃盗、恐喝騒ぎは当たり前で、教職員が暴行されて骨折したというような事件も珍しくない。それどころか、ちょっと話がこじれると暴力団や半グレが出てきたりする。

こういう学校の場合は、さすがに警察はすぐに介入するし、教員たちもそれほど嫌がらない。

威勢のいい地域に行くと、威勢のいい子がいっぱい出てくるし、保護者も少し派手なかっこうをしていたりする。ただし、全般的に陰湿性はないし、加害生徒も変な隠し立てはしない。

「おまえ、○○くんから××円取っただろう」

と問い詰めると、

「金額まで覚えてないけど、カツカゲは確かにした」

「それ、何に使ったんだ?」

「タバコ買って、それからゲーセンで遊んだ」

というような具合である。

「今の話から計算すると、××君の訴えている被害金額とだいたい合うから、これでいいんだよな」

「そっすね」

拍子抜けするほど簡単だし、素直だ。いじめも解消しやすい。

一方、前述したように学力の高い学校や富裕層の通う私学のいじめは知能犯が多く、その上、外部の人間に対する教員の抵抗が激しい。私としては、こちらのほうがよほど警察の介入が必要だと思っている。ところが警察もこうした学校には極めて及び腰になる。

やり口が巧妙で、なかなか尻尾《しっぽ》を摑《つか》ませない案件については、捜査権がないと強制的に調べられない。

学校自治という有名無実の理想のために、今苦しんでいる生徒たちを犠牲にしていいのか、社会全体で考えていかなくてはならない問題だろう。

悪質ないじめ探偵に注意を

大人社会といじめの関係を問う章の最後に、言及しておきたいことがある。悪質な「いじめ探偵」の存在だ。

私の活動が世に広く知られるようになってから「いじめ調査」を調査項目のひとつとして大きく宣伝する探偵事務所が増えた。しかし、本当に「いじめ調査」のノウハウを持っている業者は、私のところ以外はほとんどないと思う。

フィクションの世界はともかく、現実の「探偵」の仕事といえば、95パーセントが浮気調査だ。つまり、業界にいる「探偵」たちのほとんどが浮気調査のトレーニングしか受けていない。残りの5パーセントが何をしているかというと、企業のトラブルや失踪者《しっそうしゃ》の行方調査など何らかの問題に特化して調査業務をしている。オールマイティー型の探偵は、実はほとんどいない。

私たちは探偵業界の中では稀有《けう》なオールマイティー型の探偵社だったが、そもそも業界内で地位を獲得したのはストーカー対策だった。また、詐欺被害の対応などを始めたのも私たちが業界初で、こうした特色ある事件をたまたま多く扱っていたから、いじめ調査にも乗り出すことができたという背景がある。

そもそも、探偵会社には大手から小規模までさまざまあるが、会社の規模が大きいからといって良質なサービスを提供しているとは限らない。

大手にアドバンテージがあるとしたら、それは宣伝力だ。現代では、宣伝手段というとウェブ検索がほとんどなのだが、彼らは資金があるので、きちんとマーケティングをした上でSEO対策されたホームページを設置している。検索されることが多いキーワードでトップに近い位置に表示されるよう調整しているのだが、そのキーワードに「いじめ」も入っている。

「いじめ探偵　阿部」と入れてみてほしい。別の会社のホームページがずらっと出てくる。笑ってしまうほど節操がないが、いじめに苦しんでいる子が藁《わら》にもすがる思いで私を探して検索しているのであり、笑い事ではない。さすがにこれは悪質だと思い、検索サービスの会社に申し入れているが、いたちごっこの状況だ。

私の社のホームページに載せていた事例が、コピペして使われていたこともあった。当然、彼らはいじめ調査をしたこともないし、ノウハウもない。ただ、メニューに載せておいたら仕事が入るかもしれないと思ってやっている。彼らはコピペに対しても、顧客への職責という面でも、罪悪感はまるでない。仕事を取ったもの勝ちと考えているのだろう。

職業倫理が完全に欠如している。業界全体の課題として、探偵という仕事の社会的地位や信用をどう確保するかという問題があるというのに、一部には問題がある事業者が放置状態になっているのは、残念ながら事実である。

一般の方も探偵というとどこも同じだと思っているらしく、ほかの探偵社が起こした不祥事に対して、当社にクレームを入れてくることがある。

地元の探偵社に頼んだら、調査員が校門の前に立って、出てくる生徒たちに片っ端から被害生徒の写真を見せ、「この子がいじめられているところ見たことないか」と聞き込みをして回ったという。当然、不審者がいるというので教職員が警察に通報して大騒ぎになった。

「どうしてくれるんだ！」といって、なぜかうちに電話がかかってきたのだ。

私に言わせれば調査手法自体が完全にアウトなのだが、「それは私どもではありません」と言うほかない。

「同じ業界にいるんだから、なんとかするべきだ」

とほぼ言いがかりの状態になったので、こう答えた。

「ちょっと考えてみてください。日産の車に乗っていたら故障したときに、トヨタにどうなっているんだ、とクレームを入れますか。今あなたがしているのは、それくらい筋違いなことですよ」

こうやって書いてみると笑い話としか思えないが、業界の一人としては責任を感じ、現状を憂えている。

求められる高い職業倫理

いじめ調査の経験がない人間が動くことの弊害は非常に大きい。ただ「できなかった」ではすまない。彼らは、いじめ防止対策推進法の存在すら知らないから、いじめの定義を知らない。今の学校や教員が置かれた状況はもちろん、公立校と私立校の差もわかっていない。そういう状態では失敗するのは当然だが、結果として不利益を受けるのは被害生徒であるというのが深刻だ。

もし、探偵業者に何らかの使命感があれば、子どもが苦しむことになると思い至るはずだ。仕事への信念があれば、中途半端には受けないし、受けたとしても勉強すると思う。

私は、子どもが関わる案件では、いじめのみならず、家出のような事案であっても、子どもを守らなければいけないという意識が働く。だから、どれほど依頼者が金を出すと言っても、子どもの利益にならないことは決して引き受けない。

たとえば、両親が離婚し、子どもが母親の方に引き取られたとしよう。しかし、子どもは父親と住みたい。その子は父親に連絡をして、家出した。

こういうケースだと、子どもを中心に考えれば、私のような探偵が居場所を探し出して無理に連れ戻すより、時間がかかっても父親と母親が話し合ったほうがいいのは明白だ。親同士がいくらいがみ合い、断絶している状態になっていても、子どもの将来を考えるのであれば冷静になれるはずだし、子どもの意見を取り入れたほうが円満な結果となる。

そういったことを考えずに仕事を請ければお金にはなるが、私はそこまでわりきれない。いじめ調査を無償化したのも、そうした思いがあってのことだ。こと子どもが関わる案件に関しては、利益だけで動いてはいけないと思うのだ。

しかし、私のように考える人間は稀《まれ》だろう。ある探偵社では、多額の調査料を提示し、両親が出し渋ったとき、こう言ったという。

「冷静に考えてみてください。あなた方は今まで子育てしてきて、いくらお金がかかりましたか。これからいくらかかりますか。一般的には子どもが生まれてから大学に上がるまでに3000万から4000万円必要といわれています。つまり、子育てとは莫大《ばくだい》な投資なんですよ。それほどのお金をつぎ込むのに、いじめは、場合によっては命を落とすかもしれない。あなたは、その解決にいくらだったら投資できるというんですか」

この言葉がいかに非人間的か、普通に考えればわかるだろう。しかし、彼らは普段からこうしたものいいで勧誘しているから、どれほど常識外れなのか理解できない。

ある探偵社の勧誘マニュアルを見ると、浮気中の配偶者と離婚したいからその証拠を摑んでほしい、という依頼が来た場合は300万円ぐらいで見積もりを出すようにと書かれている。実際にかかる費用の積算で出しているのではない。

「あなた、結婚式やら新婚旅行などにいくらかかりましたか。数百万はかかりましたよね。離婚するときも、同じくらいかかると思いませんか」

と説得するそうである。この理屈で納得する人がいるとも思えないのだが、依頼は絶えないという。一般の人は普段、探偵社に仕事を依頼することはそれほどないから、相場がわからない。なんとなく言いくるめられてしまうのだろう。ある程度の規模の会社になると、営業専門のスタッフがいるが、彼らは言葉巧みに相手を納得させるプロだ。

そうした論理を子どものいじめに持ち出すのは到底許せない。

探偵にまで相談に来る人は、間違いなく通常の手段ではどうしようもなくなり、追い詰められた状況にいる。学校はもちろん、弁護士や警察に駆け込んでも、思うような対応をしてもらえなかった。最後の手段として探偵を頼るのである。ここで失敗してしまってはもう後がない。

私たちが扱うのは、人ひとりの人生に関わる問題だ。だからこそ、どの業界よりも高い職業倫理を持つべきなのだ。現在、そうなっていないのは、業界にいる人間として忸怩《じくじ》たる思いだ。

ただ希望がないわけではない。私のところに若い世代の同業者から、いじめ問題について学びたい、きちんと対応できるようになりたいと連絡がくることが増えた。少しずつでも、全体がまともになっていけばいいと思っている。

もし、読者の中にいじめ問題で探偵に依頼したいと考えている方がいるのであれば、次のような点をチェックしてほしい。

まず、ホームページの出来不出来を当てにしないこと。基本的には専門の業者が作っているので、見た目もきれいだし、文章もまとまっている。私などが読んでも「すごい！」と思ってしまうほどだ。

解決事例が掲載されていても、話半分で読んでほしい。真実である保証はないからだ。

キーになるのは、対面で相談したときの相手の知識量だろう。その際、具体的な事例を聞くのではなく、あくまでも法律的な知識をたずねてほしい。

「いじめ防止対策推進法」を知っているかと聞くと適当な返事をする可能性があるので、いじめ防止対策推進法の中に書かれている「いじめの定義」、あるいは「いじめ解消の定義」を聞いてみてほしい。それを知らないようであれば信用するに足りない、と判断してよいだろう。何章何項というような数字を正確に思い出せないとしても、区別そのものは普通にやっていれば理解しているはずである。

また、大手では、最初の相談員としてカウンセラーと呼ばれる人たちが出てくるが、彼らは実質、営業マンである。話術が巧みで頭の回転も速いので一見頼りになりそうに見えるが、現場は知らない。おそらく、1件受件すると何割かを報酬として受け取るような契約方式でやっているのだろう。だから、とにかく高額の仕事にしようとする。

積算根拠のない金額を提示されたり、お金のかかる調査方法を勧められたりした場合は、やめておくのが無難だろう。営業トークの素晴らしさは、実際の仕事には直結しない。

巧言令色鮮《すくな》し仁、である。

第六章　いじめを本気でなくすには

関係者全員が当事者

本書の締めくくりとして、多くのいじめ事案と、それが起こる学校現場を見てきた私から、本気でいじめをなくすための提言をしたい。

まず、大きな前提として社会全体で共有しておかなければならないのは、「どんな学校でも必ずいじめは起こる」という事実である。繰り返しになるが、公立であろうが私立であろうが、進学校であろうがそうでなかろうが、先進的な取り組みをする学校であろうが少人数ののどかな学校であろうが、学校が人の集団で成り立っている限り、必ずいじめは起こる。

災害と同じで、たとえ今、平穏だったとしても、いずれは起きると考えて、起こったときに最善の行動がとれるよう準備しておかなければならない。ことが起こってからでは泥縄の対応しかできないのである。

予防教育の大切さについては第四章に記した。保護者は、学校での実施状況を確認して、もしまったくされていないようなら、ＰＴＡなどを通じて実施するよう働きかけてほしい。

さらにいじめをより早く発見するために、子どもたちからの情報がすぐに大人に届く仕組みを作っておいてほしい。いじめのおよそ8割は子どもからの情報で発覚している。大人だけでいじめを見つけようとしても、まず見つからない。

子どもに当事者意識を持ってもらい、いじめの報告は決して告げ口ではないことをしっかりと理解させておけば発見率は格段に高くなる。いじめは早い段階で摘み取るに限る。

また、子どもたちに「みんな仲良く」と説くことが同調圧力につながり、いじめを生む土壌になっていることに注意が必要だ。むしろ、人というのは一人一人が考え方も価値観も異なること、そしてそれを互いに受け入れて、違いを受け止める力を養い、不要な衝突を生まないように話しあえる環境を作っていくことが大切だ。

いうまでもなく、大人ができていないことは子どももできない。保護者や教員には、子どもの言動はすべて自分の姿の鏡であるという自覚を持ってほしい。

教育関係者への提言

学校教員や教育行政に携わる人たちへは次のように提言したい。

まず、「いじめ防止対策推進法」を順守してほしい。日本に住む者であればだれでも日本の法律を守る義務がある。教育に携わる人間であればなおさらだ。すでに法律の制定から7年がたっている。

なぜか教育界では、法をことさらに軽視する風潮があるのも事実だ。裁判で「いじめ防止対策推進法は現場に即していないので守らなくてもいい」と言い出す教育委員会まである。

自動車を運転する人間が、「道路交通法なんて知りません。知らなくても運転できます」「現場に即していない法律なので自分で判断しました」といったとして、それが通用するだろうか。

そういう幼稚な無法が、教育現場ではびこっているのである。

教育関係者は、いじめ防止対策推進法が、自分たちに対して定められた法律でもあるということをしっかりと認識してほしい。私のことを「探偵ごとき」と鼻であしらう教育関係者はごまんといるが、その探偵ごときに「法律を守れ」といわれている現状を直視してほしいと本気で思う。

先日も、神奈川県のある中学校の生徒指導の先生と話をしていると、

「いや、でもいじめの定義っていろいろあるから」

というので、

「一つしかありませんよ。もしかして法律を読んでいないのですか」

という会話になり、大いに脱力した。

生徒指導を担当していることに加え、その学校はこれまでも大きな問題を何度となく起こしている。通常なら、その時点で対策をしそうなものだが、改善することもなく、新たな問題を起こしているのだ。

その学校で起きたいじめ事案はあまりに重大だったのでニュースにもなったが、事態をまったく解消できないまま被害生徒は卒業を迎えた。以降、県教委が引き継いだのだが、動く気配はゼロだ。そういうレベルだから、またいじめを起こしてしまうのだ。

彼らは「いじめゼロ宣言」をしてみたり、浮ついた標語を作ってみたり、表面上のことはい

ろいろやるが、実際に起きたいじめに対しては極めて消極的だ。これではいじめが解消されるわけはない。つまり、いじめへの対策をしていないのだ。対策すると約束しておきながらしないのは、単なる嘘つきである。

しかし、遅々とではあるが、時代は変わりつつある。都市部を中心に、新しい発想で従来にない学校づくりが試され、成果をあげてきているのだ。

たとえば、私が見学に行った東京都区部にある一部の学校では、教室が開放型になっている。各部屋と廊下はつながっていて壁がないから、前を通ると中はいつでも見える状態になっている。

職員室や校長室も例外ではない。教室ほどではないが、ほぼ開放に近い状態で、先生たちのデスクには書類などはほとんど置かれていない。いつ生徒たちが入ってきてもいいように、環境を整えているのだ。

校長室も児童生徒に開放されているので、休み時間になると子どもたちが先を争って校長室に遊びに行く。校長も全校生徒一人一人の顔も名前もわかる状態で、保護者の情報も把握している。保護者もいつ会いに行ってもいい。もちろん、教職員も当たり前のように出入りし、冗談をいいあったりしている。校長も教員と打ち合わせをしている。

上下関係がなく、若い先生も生き生きとしている。教員同士の風通しもいい。こうした学校をつくる校長は、開かれた教育現場を目指しているので、全員に目が届くように気を配る。こういう学校では、いじめはほとんど起きない。

環境が変われば、人は変わるのだ。いや、人が変われば、環境も変わる、かもしれない。

先生への提言

2018年の統計では、平均して8割方の生徒がいじめを認知している。それがすべて事件にならないことから見て、現場にはいじめを解消する力をもった教員が多くいるという事実を示している。

発生してしまったいじめは、過去に戻って防ぐことができない以上、これからどうすべきかが重要だ。

そこで、私から先生方に二つのことをお願いしたい。

一つは、被害者を必ず守ってもらいたいということだ。私はここに命をかけている。一緒に泣き、一緒に考えるだけでもいい。守るという態度を見せられた子どもたちは、それだけで精神的苦痛が和らぐ。最悪の事態を防げるのだ。教え子に自死されて平気な教師などいるはずがない。命だけは何があっても守る。そんな気概をもって、問題にあたってほしい。

もう一つは、加害者を真っ当な人間に戻すための教育をしてほしいということだ。

第四章でも書いた通り、いじめは加害者の人生にも大きな影響を及ぼす。彼らもまた、救わなければいけない対象だ。そして、教師がしっかりとした対応を見せることで、傍観者となった多くの子たちの学びともなる。

いじめは、その場の対応だけではほとんど効果がない。お互いが対等の立場で起こる喧嘩《けんか》や揉《も》めごととは、そもそも性質が異なる。謝罪の会をやったから終了、とはならない。

いじめを確認したのであれば、継続的かつ計画的にその後の指導を行い、よく観察して、常にアンテナを張ってほしい。

加害生徒がクラスの中心的人物であったり、成績が優秀であったりすると、担任から実態がよく見えなくなることがある。信じたくないというバイアスもかかる。経験上、多くの場合でそうしたいじめは巧妙化し、把握しづらい。

学級担任が一人でいじめに対抗しようとするには、あまりに荷が重い。校長を筆頭とした教員チームを組んでも難しいケースがある。私の経験上では、教員チームだけでうまくいっているのは稀《まれ》で、その学校はかなり優秀だと思う。

いじめが少ない学校、芽が小さいうちに摘み取れる学校は、保護者や地域を巻き込んでいる。周りの大人がいじめを含めた問題行動に対応しているのだ。私への相談が、いじめ被害者の親以外からくることもある。だれかの投じた小さな一石から解決への道筋が生まれる。私はその活動を応援したいと、強く思っている。

いじめ体験を語るときの危うさ

本書を読んでいる方の中には、学校時代にいじめ被害にあった方もいるだろう。新聞やテレビ、ウェブメディアでも、「いじめ撲滅」のキャンペーンを張ることが増え、かつていじめを体験した人たちの談話や手記が発表されることがある。

そのなかで私が非常に気になるのが、「いじめ体験が自分を成長させてくれた」というような論調で語る人がときどきいることだ。彼らは「今を乗り越えれば、明るい未来が待っている」と被害者を勇気づけようとして発言しているのだろう。

だが、現在進行形でいじめ被害にあっている子どもたちと接する私からすると、そうしたものいいがときにはマイナスになると実感する。

「生存者バイアス」という言葉があるのをご存じだろうか。たとえば、体罰も含む厳しい指導によって世界的なアスリートになった人物がいるとしよう。彼は、「自分が立派な選手になったのは、コーチによる厳しい指導があったおかげだ」と信じている。彼にとっては、それが真実なのかもしれない。

だが、それを「だから、厳しい指導をすればだれでも立派な選手になれる」と一般論にしてしまったら、とたんにそれは「偽」になる。なぜなら、彼の視野には、その厳しい指導のせいで潰《つぶ》された人間、つまり「厳しい指導のせいで立派な選手になれなかった人たち」が入っていないからだ。

いじめのサバイバーも同じだ。もちろん、いじめ体験を人生の糧にできる人間もいるだろう。しかし、いじめ体験で人生を狂わされてしまった人間の方が数は多いのではないだろうか。いじめを受けて引きこもりになってしまい、そのまま社会復帰できずにいる人も多くいる。表向きはいじめ体験を克服していても、人間不信や過度の攻撃性など人間関係になんらかの障害が残ってしまうこともある。

では、彼らは「いじめ体験」を糧にできなかった、弱い人間なのだろうか。もちろん、否である。苛烈《かれつ》ないじめは、人の心を殺す。そこから完全によみがえることができたのは、幸運が重なってのことだろう。

だから、「いじめ体験が自らの糧になった」と考える人たちは、自らの幸運を感謝すればいいのであって、「いじめを乗り越えて」などということは言ってはならないのだ。

実際、私が関わった被害生徒の多くが、そういう話を聞くたびに息苦しくなると訴えていた。中には過呼吸のような身体的症状が出てしまう生徒もいる。

たとえば、同じインフルエンザに罹《かか》ったとしても、罹患者《りかんしゃ》の年齢や性別、その時の体力状況などで治癒までの経緯や時間は大きく変化するだろう。

心の傷も同じだ。個人の資質によって癒《い》えるまでの時間は異なるし、適切なサポートを受けることができたかどうかでも大きく変わってくる。

いじめで極限まで心身を追い詰められた子どもたちは、いわば瀕死《ひんし》の状態である。その状況で、体にいいからと筋トレを勧めるのは愚か者だ。

いじめも同じだ。立ち直るには、まず立つだけの体力をつけなければならない。そんなときに「いじめもまた糧になる」などという言葉は、相手を鼓舞しているようだが、一種の暴力なのだ。

いじめがなくなり、被害者がようやく自力で立てるようになって、未来に目を向けられるようになった時期には、そうした言葉も素直に心に響くようになるだろう。

被害者に何かの言葉をかける場合には、まず自分が用意した言葉が、今のその子にとって薬になるのか、それとも毒になってしまうのか、冷静に考えてからにしてほしい。

保護者は当事者意識を

保護者はわが子を守り育てるのが責務だ。だからといって、自分の子だけを見ていればいいというものではない。人間が集団の中で生きる以上、わが子は健やかに育っているとしても、社会に歪《ゆが》みがあればいつその犠牲者になるかわからないからだ。

しかし、多くの保護者は「うちの子どもは大丈夫、うちの学校は大丈夫」と思い込んでいる。危機感がありすぎて不安になるのも良くないが、いじめはわが子と常に隣り合わせの問題であるという認識はもってほしい。

たとえば、文科省の教育政策研究所のデータを見れば、小学校4年生から中学3年生までの間にいじめられた経験もしくはいじめた経験がある子どもは9割にのぼる。

この数字に驚く人には、一度よくよく自分の子ども時代を振り返ってみてほしい。クラスに一人や二人はからかいやいたずらの対象になりやすい子はいなかっただろうか。クラスメイトに今となってはひどいなと思うようなあだ名をつけられている子はいなかっただろうか。何より、あなた自身、わざと意地悪をしたり、陰口を叩《たた》いたりしたことはなかっただろうか。

人は都合の悪い記憶を忘却、あるいは書き換える。だれだって、親に見せる顔、先生に見せる顔、友だちに見せる顔は違っていただろう。話し口調のトーンも変わっていたはずだ。

ところが、親になるとそのことを忘れ、わが子がいじめられているはずがない、いじめなどするはずがない、と信じ切っている。

子どもは決して純真な天使ではない。未熟な人間である。嘘もつくし、ごまかす。だれかに意地悪をして嘲笑《ちょうしょう》する。この事実から目をそらさないでほしいのだ。

「うちの子は私にはなんでも話してくれます。隠しごとなんてしません」

と自信たっぷりに語っていた親に、いじめ加害の証拠を見せたとき、彼らは非常なショックを受ける。表面上、普通の親子関係であったとしても、隠しごとや嘘があるのは当たり前だ。子どもは、実はなんでも親に話したりはしない。

それでもまだ「いや、うちの子は話してくれています」と信じて疑わない人には、こう聞いてみたい。

そもそも、あなたは家族に何から何まで話していますか、と。

子どもには子どもの世界がある。成長するに従い、親には言えない、親だから言えないことが生まれてくる。

子どもに完璧《かんぺき》を求めがちであるなら、あなたの存在自体が子どものプレッシャーとなっていく。子どもは自分のことを少しでも良く見せようとするから、隠しごとが多くなる。

これはいじめの被害者も加害者も同じだ。加害者は後ろめたさから、被害者は情けない自分を隠そうとして嘘をつく。

もしあなたが感情が先に立ちやすいタイプであるなら、こちらも子どもは隠していることが多いと考えられる。親がトラブルを大きくしてしまうことがあり、子どもはなかなか問題を言い出しづらい。

結局のところ、自らの理想を親が勝手に頭の中で作り上げている。子どもを別の人格として、一人の人間として認めていないのだ。

私はよく、大人と話すように子どもと話しますね、と言われる。一方で、まるで友だちのようですねとも言われる。それは、彼らがどんなに幼くても、一人の人間として認め、それを言動に表しているだけなのだ。確かに年齢も経験も違うが、それでも、一人の人間と人間の関係の上でなければ、たとえ親子であろうが、信頼にはつながらないだろう。

もちろん、ほとんどの保護者は、子どもにとっていい親でありたいと願い、努力しているはずだ。完璧な親がいないように、完璧な子どももいない。

それを前提に、信じつつも、時には自分自身を振り返ってほしい。そういう姿勢が、子育てには必要なのだろう。私自身、人の子の親として、それを常に忘れないようにしたいと思っている。

同時に、親として持つべき知識をしっかり持っておくのも大切だ。日本には児童福祉法、子ども・子育て支援法、学校教育法など子どもに関する法律がいくつかある。だが、法曹関係者でもない限り、親になったからといってこれらの法律に目を通したことはないだろう。普段は意識する機会も必要もないから、それは当然のことである。

だれもがいじめ被害にあうことを前提に、「いじめ防止対策推進法」には目を通してほしい。私のところには、日々被害生徒の保護者から多くの相談が寄せられるが、どの保護者もいじめに対する知識はほぼゼロに近い。だが、もしいじめ防止対策推進法に関する本の一冊でも読んでおけば、学校側に正しく対応させられる可能性があると思うのだ。

教員は、いじめへの不対応を指摘すると、あれこれといいわけをしてくることが多い。そんなとき、法律上の定義を知っていたら、有効な反論ができる。

少なくともいじめの定義と解消の定義、そして協力体制を取る義務ぐらいは覚えておいてほしい。

スマートフォンの使い方を考える

より具体的な方策でいえば、まず、スマートフォンの管理を徹底してほしい。

最近は、早い子であれば小学校低学年からスマホを持っているが、少なくとも子どもが自力で端末を購入し、毎月の支払いも自分でするようになるまでは、親が完全に管理してほしい。中には最初から持たせないという方法を取るご家庭もあるだろう。それはそれでいいと思うが、実際にはなかなかむずかしいのではないか。

内閣府が2019年2月に発表した調査では、中学生では78パーセント、高校生の99・4パーセントが専有のスマホを所持している（平成30年度「青少年のインターネット利用環境実態調査」）。周りの子どもたちが持っている中で一人持たないのは親としても切ない。しかも、スマホは親自身が夢中になって始終さわっている。「子どもはダメ」と禁じたところで、納得させるのは容易ではない。

私から提案するのは、ルールを設け、親が管理する上で持たせるという方法だ。

いずれは自分の端末を持つのは明らかだ。それならば、まだ比較的親がコントロールしやすい年齢から与え、ルール付けをしっかりしておくほうが現実的だ。

スマホは便利だがあぶない。そしていじめの温床になる。子どもにその危険性を予め《あらかじ》説明し、ルールが必要なことを納得させることが大事なのである。

私はまず、「そもそもこのスマホはあなたの所有物ではない」と認識させることを勧めたい。

あくまでも所有者である保護者からの借りものであるというスタンスで渡すのだ。借りものである以上、ルールに従って使用する必要がある。この前提を親子で共有するのである。

次にするのは、スマホを持つ目的を明確化することだ。スマホでやっていいことはなにか限定しておくのである。

スマホの用途としてまず考えられるのは、家族との連絡手段だ。また、ちょっとした調べ物をする機能は必要だろう。お小遣いを電子マネーで管理するなら、定期的に履歴を見せる条件で許可すればいい。現金と違い、使い道が残るからそれはいいだろう。

そういうふうに考えていくと、必要なアプリはおのずと決まってくる。それ以外のアプリは入れないし、入れさせない。

友だちと連絡するためにSNSをやるというのであれば、親が要求したときはいつでも内容を見せるように納得させておくのも大事だ。

SNSでのやりとりはプライバシーだと主張するかもしれないが、そもそもSNSとはソーシャル・ネットワーキング・サービスの略。つまり、あれは個々のやりとりのように見えて、実は社会に対してオープンなメディアなのだ。だから、親が見ても問題がないはずである。

SNSは事故や事件に繋《つな》がりやすい。いくらしっかりしているように見えようが、子どもは子どもだ。本人が「自分は大丈夫だ」と主張しても、それは幼い判断力で言っていることであり、親がもうひとつのフィルターになるのは親の責務だ、ということを子どもにも納得してもらう必要がある。

そこは親子で真剣に話しあってほしい。納得できない、というのなら、持たせなければいいのである。

ルールをきちんと決めたら、次は管理と罰則を決めよう。ルール破りは必ず起きる。だから、もし起きた場合には理不尽にならない程度の罰を決めて、最初から宣言しておく。

これは、子どもの反発をくらいそうだが、気にしなくてよい。スマホは貸与品なのである。ルールを守らなければなんらかの罰を受けるのは当然だ。大人だって貸与品を棄損したら罰金を取られる。それが社会のルールだ。

大事なのは、事前に罰則の内容について共有し、合意を得ておくことと、違反したら必ず罰則を実行することである。

実は、親にとっても「ルールに則《のっと》った運用と違反時の罰則実行」は案外むずかしい。慣れてくると、親の方もだんだん面倒になってきて、きちんと確かめないようになる。しかも、罰を与えるとなるとそれなりに気まずいので、ついなあなあにしてしまう。しかし、それは子どものためにならない。有言実行の姿を見せるのも、教育の一つだと心得てほしい。

罰則はきびしすぎないことが重要だ。３日取り上げるとか、アプリを一つ消すあたりがいいと思う。

普段からスマホを使い慣れていると、３日の使用禁止は効果的だ。どうしても連絡用に必要だというなら、親管理の下で家の電話やパソコンのメールを使わせればいい。

何にせよ、本人が納得して決めたことである。その上でルールを破ってしまったのだから、承諾せざるを得ない。また、必ず実行するというのは、うちの親はやるときは本当にやるんだなとわからせることになる。よって、親が実行できないようなことは罰則に含めてはダメだ。

やりすぎは禁物である。罰だからといってスマホを破壊するような暴力的な罰則を与える親もいるが、明らかにやりすぎだ。過激なことはしない方がいい。子どもにとってはトラウマになるし、同様の行動を外でやるようになるかもしれない。

自分がそれをやられたら痛いけど、後になったら笑えるぐらいのラインに収めておくのがいいと思っている。友だちに話をして「それひどいね、でもウケるね」と言われる程度にしておくのがちょうどいい。

子どもにプレゼンさせよう

すでに持たせているが、これまでルールを設けていなかったというご家庭もあると思う。そういった場合は、まず事情を説明したうえで今後はルールを設けることを宣言し、アプリに関しても、整理することを伝えよう。

そして週末などに、時間のあるところで子どもにプレゼンさせよう。パワーポイントなどを使って、プレゼン資料も作らせる。どんなルールがいいと思うか、その理由、また今どんなアプリが入っているか、なぜそれが必要なのかをプレゼンさせる。保護者の方も保護者なりのプレゼンをしてもいいかもしれない。

プレゼンには家族や親せきにも出席してもらう。投票制にし、みんなの心を摑《つか》めなかったら消去する。

こんなふうに、遊び感覚も入れたら、子どもも本気になりつつ、そこそこ楽しんでくれるのではないか。

このときに大事なのは、なぜスマホが必要なのかということを、自分なりにしっかりと考えさせることだ。

なんとなく入れてしまったアプリもある一方、必要不可欠なアプリもあるはずだ。一つ一つ見極めていくうちに、スマホとの付き合い方が見えてくる。自分で決めたルールは守ろうという意識も強いだろう。主体的に考えさせるのが、プレゼンの真の目的だ。

決まった約束事には親も付き合う。それができれば、スマホのトラブルはかなりの確率で防げるだろう。

「ボランティア頼み」への危惧

社会の制度も整える必要がある。子どもの教育は、保護者だけでなく社会全体の責務だ。

1990年に発効、我が国は1994年に批准している国際的な条約である「子どもの権利条約」の第三条には、こう書かれている。

児童に関するすべての措置をとるに当たっては、公的若しくは私的な社会福祉施設、裁判所、行政当局又は立法機関のいずれによって行われるものであっても、児童の最善の利益が主として考慮されるものとする。

つまり、国をはじめとしたいずれの機関も「児童の最善の利益」を考えて、教育に関わっていかなければならないのだ。

そのためなのか現在、公教育は多くの部分がボランティア頼りになっている。PTAしかり、保護司しかり、地域の子供会しかり。学校教育はもちろん、そこからはみ出す部分を支える人たちの多くは無給で活動している。

ボランティアをやっている方々の熱意と努力には最大限の敬意を表したい。だが、同時に、公的事業がボランティアに頼らないと成り立たないのは行政の怠慢ではないかと思う。本来はきっちりと予算をつけて行うべきだろう。

たしかに、ボランティアは市民社会のあるべき理想だろうし、原資に限りがある以上、そこに頼らざるを得ない場合もある。

私はここで一つ問題を指摘したい。ボランティア頼りの事業は、その中核を担う人材がいつまで経っても育たないということだ。

ボランティアに参加できるのは比較的生活に余裕がある層だ。多くの場合、リタイア後の高齢者に任される。つまり、若者がいない現場になる。それでは、技術や知識が個人のノウハウとして蓄積されるだけで、後進には伝わらない。

同時に、多くのボランティアは素人だ。アマチュアとプロフェッショナルの違いは、体系立てられた知識の有無である。ボランティアの中には、自ら学習してプロフェッショナル顔負けの知識を身に付ける人もいるが、多くは経験則に頼りがちで、複雑な案件にはなかなか対応できない。個人の感情で科学的には誤りとされる指導方法を取ることもある。

通学路の見守りや社会見学の講師などはボランティアに頼ってもいいと思うが、少年院から出てきた少年を見守る保護司などは、本来高い専門性が要求される。早急に制度を整えるべきだ。

同様に、スクールカウンセラーも制度全体を見直してほしい。現在、スクールカウンセラーは臨床心理士がその任に当たることが多いが、彼らの多くは、自分たちではいじめへの有効な対応ができないと悩んでいる。

スクールカウンセラーは、生徒と一対一の関係の仕事をする。自然と職域を超えた動きを期待されることが多いし、社会からも求められる。しかし、カウンセラーは心のケアこそ業務の範疇《はんちゅう》だが、いじめの解決に直接介入したり、学校長に提言したりはできない。それは、彼らの職域から逸脱してしまう。

これは雇用システムの問題だといえる。

同じことは、最近導入が検討されているスクールロイヤー、つまり学校弁護士にも起こりうる。

スクールロイヤーは、学校で起こるいじめや保護者とのトラブルなどを、法的に解決する弁護士のことで、いじめ解決の切り札のように期待されている。ちょっと待ってほしい。彼らは弁護士会と教育委員会の連携の上で派遣されることになっている。つまり、雇い主は各教育委員会なのだ。弁護士は、利益相反の禁止というルールがあり、対立する両者の弁護はできない。わかりやすい例でいえば、交通事故の加害者と被害者の両方の弁護はできない。

そうであれば、彼らは当然教育委員会に有利になるように動くだろう。弁護士は社会正義の実現のためにも動くが、利害が生じてしまえば、結果、依頼主の最大利益を求める存在になり得るのではないか。

私はこのまま、なし崩し的にスクールロイヤーを導入しても、いじめ被害者を守るのではなく、教育委員会や学校の体のいい代理人になるだけではないかと危惧《きぐ》している。

教育行政は安易に制度を作ろうとするが、中身の設計をきちんと考えておかないと、生徒を守るどころか、学校の立場ばかりを強化する結果になりかねない。いじめ事案を巡る現在の教育委員会の動きを見る限り、彼らの立場を法的に補強するというのは、非常に不安を覚える。

大阪府寝屋川市の取り組み

ただここにきて画期的な動きが出てきた。大阪府寝屋川市《ねやがわ》の新たないじめ対策だ。多くの被害者に希望を与えるものなので紹介したい。

2019年10月17日、寝屋川市の広瀬慶輔《ひろせけいすけ》市長は、市長部局に「監察課」を新設すると発表した。この「監察課」は、弁護士資格を持つ職員やケースワーカーなどで構成され、いじめの初期段階から積極的に関与する。

この取り組みで特筆すべきところは、いじめの対応を「教育的アプローチ」「行政的アプローチ」「法的アプローチ」の三つの段階に分けているところだ。

一つ目の教育的アプローチは、被害者加害者などに分けず、そこには指導すべき子がいるのみという考えの下、「見守り」や「予防」に注力するやり方だ。これまでの学校や教育委員会が行ってきた教育的アプローチの延長といえるが、これまではいじめの解消という出口戦略で失敗しているケースが目立ち、いじめの認知数は増える一方だった。教育現場の教育的アプローチはすでに限界だと思う（第二章）。

一方で広瀬市長の教育的アプローチは、予防に注力し、いじめが起きても初期段階から被害生徒・加害生徒・保護者・教員などに積極的に監察課が関与していく。そこに調整・調査・要請・勧告を行う「行政的アプローチ」を導入した。さらに被害者が加害者を訴えることも視野に入れた「法的アプローチ」で補強する。

　行政的アプローチには、加害生徒への出席停止の勧告や転校勧告もあり、これまで被害者ばかりが別室授業や保健室登校、転校という手段を取らざるを得なかった理不尽な対応に釘を刺す機能が整備されている。

　市長部局という市長直轄の組織にすることで、いじめの調査などを教育委員会から切り離し、学校や教育委員会は予防や見守りに注力できる。働きすぎで疲弊する教員たちの就業環境の改善も期待される。

　寝屋川市市議会もこの「監察課」プランに賛同をしており、市が一丸となっていじめ問題に取り組んでいるのだ。

　市区町村でここまでの取り組みをしたところは、寝屋川市が初めてではないだろうか。素晴らしい取り組みだと思う。

　今後、この「監察課」をモデルにいじめ対応をしようとする地域も出てくるだろう。そうした動きは歓迎したいが、アプローチへの考え方や組織としての機動力、教育委員会からの切り離しなど、その理念まで理解して動けるところがどれだけあるか注視していきたい。

　広瀬市長によれば、監察課は設置からわずか2か月で３００件のいじめについて、直接確認が完了したという（内訳は、２０１８年度の１７２件と、２０１９年度の１２８件）。

　これはこれまでのいじめ対応と比較して、驚くべきスピードだ。

子どもたちにとって、小学生は6年間、中学生は3年間と、過ごす時間には限りがある。だからこそ、迅速さは重要であり、関わる生徒たちの負担も大きく減る。この負担軽減は、いじめの解消にも大きな影響を与える。

地域の長はもちろん、読者の方にもぜひ、大阪府寝屋川市の広瀬市長の取り組みに注目してもらいたい。

法改正などがなかなか動かず、また浸透が滞っている今、非常に画期的だ。子どもたちのみならず、教員や教育関係者を含めて、いじめから解放されるかもしれないこの施策は、新たな対策の指標となるだろう。

教育行政／立法を監視できるのは私たち有権者だ

日本人は基本的に公的機関を信用している。そのためオンブズマン的な動きがあまり活発にならないのだが、教育行政に関しては社会がきっちりとチェックしてほしいと思う。

行政は、自分たちの都合のいいように制度設計する。そこを徹底的にチェックし検証するのは社会を構成する大人の役割であるし、特に直接関わりのある保護者は当事者意識を持ってほしい。

行政がいい加減な制度設計をして、その犠牲者になるのは子どもたちである。

また、立法府についても監視しなければならない。立法府は私たちが選ぶ議員から構成される。選挙権を適切に行使すれば、一般社会の意思が反映される仕組みだ。

私は、基本的に教育に真の志のある議員としか付き合いがない。彼らは子どもの問題は日本の未来の問題だと理解しており、いじめ問題に関しても本格的に動いてくれる。

しかし、多くの偉い政治家は、いじめ問題は視界に入っていない、と言う。政治家の多くは、国のために仕事をしているのではない。自党や支持者のために動く。だから、党利党略に合わないものはやらないし、自分の支持者が求めていないことには手を出さない。票につながらないことは後回しになってしまう。

そういう志の低い議員は選挙で当選させないのが私たち大人の責任であるし、支持者のためには動くというのであればそれを利用して「いじめ問題」が選挙の当落に関係してくるほどの大きな問題だと思わせるようにしていきたい。

そのためには私たち一人一人がこの問題について連携し、政治家が優先的に考えなくてはと思えるような、かたまりになる必要があると考えている。いじめの問題をやらない政党や議員は議席を得られないという雰囲気を作っていきたい。

私は今、いじめ被害者を中心としたグループを作っているが、その輪がもっと広がればと思っている。

社会はもっと「児童の最善の利益」を考えて動いていってほしい。社会全体の意識が高まれば、教育現場も行政も政治家も動かざるを得ない。実際、そうやって法律までできた。

いじめを一発でなくす秘策はない。しかし、できることはある。子どもは大人社会の写し鏡であることを知り、身の回りの人間関係、親子関係、夫婦関係などを整えていってほしい。教育現場への意識も高めてほしい。学校が法律を守っているか、教育委員会や第三者委員会は適正なメンバーで適切に運営されているか、政治家はいじめ問題に力を入れているか……そうした一つ一つを注視していくことはできる。そうして、「いじめは絶対にダメだ」という社会の共通認識を醸成することが、いじめをなくすためにもっとも大切なことだと思っている。

あとがき

最初に私のことを取り上げてくれたメディアは産経新聞だった。２００７年のことだ。なぜ探偵がいじめを調査するのか、どういった依頼があるのか、学校の問題点は何か、など社会面で大きなスペースを割いてくれた。はじめていじめの調査を受件してから3年がたっていた。

そのときのハレーションは今も忘れられない。掲載後、教育関係者から嫌がらせの電話が鳴り続けた。こちらの話も聞かず、一方的に罵詈雑言《ばりぞうごん》を浴びせてくる。「クズ」「死ね」などともいわれた。これではいじめがなくなるわけがない、と心底思った。そういった中にときおり、深刻な被害者が交じっている。自分を鼓舞しながら電話を取り続けた。

あれからすでに13年がたった。社会がいじめ問題の深刻さを共有し、政治家を動かして、法律までできた。しかし、あいかわらず私はメディアに呼ばれ続けている。

先日も「世界一受けたい授業」という番組に呼ばれた。土曜日の夜、家族で見て楽しめるバラエティ風のつくりだ。かなりの時間を割いて紹介してくれた。

放送された直後から、メールや電話、郵便で相談が相次いだ。メールは1日50件を超え、その返信や情報収集のために帰宅は明るくなってから……という日が続いた。

脅迫や嫌がらせがやってくるのも変わらない。「でっちあげ探偵」などと悪口を飛ばしてきたり、私が担当している被害者を侮辱するメッセージを飛ばしてくる。現役の教師からは、「いじめかどうかを決めるのは我々教師だ」「証拠などいつでも踏みつぶせる」などと挑発的なものが多く来る。中には私や被害関係者に対する事実上の脅迫もある。

私が調べた内容が明るみに出てはどうしても困る、そう考える人が確実にいるのだ。いじめは子どもの問題にとどまらない、大人の問題だと痛感するときだ。

こんな話をすると、「そこまでしてなぜやるの？　しかも無償で」「社会福祉の心があふれてるの？」といわれてしまう。なかには、「偽善なんじゃないか」と怪しむ人までいる。

考えてみれば不思議である。私はもともと教育や子どもの支援について、関心はほとんどなかった。

私は小さなころから活発で、小学校、中学校では生徒会長をし、スポーツでもリレーや水泳大会で学校代表に選ばれたりもしていた。

そんななかで、いじめの被害にあったことがある。小学生のときだ。突然、親友を中心とした友人3人から毎日殴られるようになり、その親友が先導して私を無視したのだ。そのことは

あとがき

数十年たった今も忘れられない。顔の似ている人を見ると虫唾《むしず》が走る。

そうした経験もあり、私は友だちや下級生をシメるという文化が許せない。下級生が先輩に殴られているところに飛び込んで行ったり、いじめの対象になる同級生を自分のグループに入れて守ったりもした。ただそのおかげで、毎日怪我をしていた。

高校では歴史の面白さに目覚め、大学ではユング心理学と文化人類学に夢中になり、両方の分野で卒論を書いた。在学中にラジオやテレビ局の制作を手伝うようになり、卒業後も就職する予定でいたが、父が水産会社を立ち上げたので手伝うために入社まで2年猶予をもらった。

しかし今とは違って体の線が細かったこともあり、肉体労働に向いていなかった私は、椎間《ついかん》板《ばん》ヘルニアで足が麻痺《まひ》し、まったく歩けない状態になってしまった。

リハビリをして少し歩けるようになったころ、探偵をやっている友だちから頼みごとをされた。

「どうしても追えない相手がいる。お前なら追えるだろ」

私は小学生低学年からポケバイという小さなバイクのレースに出ていた。免許を取って公道を走るようになれば、普通のライダーとは運転技術に差があった。

リハビリがてら、やってみるかと追ったのが探偵に片足を突っ込んだきっかけだ。もともと制作会社で一眼レフカメラもビデオカメラも使っており、さほど苦労せず追跡できた。

そのうち、ほかのことも頼まれるようになり、証拠の大切さを実感した。一方で、大手探偵社の、依頼者の身ぐるみまではぐような露骨な利益追求の姿を見てあきれ果てた。このままではいけないと立ち上げたのが、T.I.U.総合探偵社だ。資本金は6万円だった。

当初は15平米のオフィスビルの一室を借りていた。しばらくして人が多くなり、2フロアを占めて事業を展開したが、理想を追求して利益度外視に実績を求めたため、何度も倒産しそうになった。今は、都内にある小さなマンションの一室で、できる範囲を見極めて経営している。大がかりな看板も革張りのソファもないが、依頼人ときちんと話ができるスペースと、スタッフたちのワーキングスペース、それと機材置き場があれば十分だと思っている。

なぜ、身の危険を感じながら、無償でいじめの調査をするのか。答えは一つではないが、こんな自分の歩みも影響しているのだと思う。

新聞を目にすれば、さまざまなハラスメントが横行している。パワーハラスメントが問題になっている三菱電機では8年間に5人もの人が自ら命を絶ったという（東洋経済オンライン「三菱電機『8年で自殺5人』何とも異常すぎる職場」2020年3月18日）。すさまじい職場だ。こういった環境で働いている親は、自分の子どもにきちんと向き合う余裕があるだろうか。先生たちと対等に丁寧に話ができるだろうか。

厚労省発表資料によれば、パワハラや過労でうつなどになり、精神疾患を訴えて労災を請求した件数は年々増え、2018年度には1820件もある。請求していない人の方が多いと思うので、この数は氷山の一角だろう。

大人の社会にもいじめが横行している。私たち大人の社会がこの状態で、子どもの社会だけをきれいにしようとしても土台無理な話だ。

だからこそ、子どもの命を守るために、私たち一人一人にできることは身近にある。あなたは職場や地域で、相手を尊重できているだろうか。年齢や性別、職業、国籍などに関係なく、きちんとしたコミュニケーションができているだろうか。

大人たちの間にはびこるいじめがなくなったときこそ、子どものいじめも減っていくのだろう。その日が来るのを待ちながら私は、被害者が普通に学校に通えるよう、調査を続けていく。

2020年4月

阿部泰尚

参考文献

・尾木直樹『取り残される日本の教育　わが子のために親が知っておくべきこと』講談社＋α新書、２０１７年
・神内聡『学校内弁護士　学校現場のための教育紛争対策ガイドブック』日本加除出版、２０１６年
・阿部泰尚『いじめと探偵』幻冬舎新書、２０１３年
・阿部泰尚『保護者のための　いじめ解決の教科書』集英社新書、２０１９年

このほか新聞や雑誌、公官庁のウェブサイトなども参考にしました。

被害にあっている子どもたちへ

ひとりで悩まず、いつでも連絡してください。
調査費用はかかりません。秘密は厳守します。

●電話での相談
0570-090-112（受付時間は平日の11：00～19：00）

●メールでの相談
http://ijime-sos.com/contact/
（記入フォームにつながります。翌営業日までに100パーセントお返事します。）

編集協力　門賀未央子
図版作成　フロマージュ
DTP　オノ・エーワン

阿部泰尚（あべ　ひろたか）
1977年、東京都生まれ。T.I.U.総合探偵社代表。セクハラ・パワハラ被害やストーカー被害を主に受件。2004年からいじめ案件を手掛け、15年にNPO法人ユース・ガーディアンを立ち上げて無償で引き受けるようになる。これまでに6000件超の相談を受け、関係各所で動きが取れない状態だった400件あまりを解決に導いている。「クローズアップ現代」（NHK総合）や「世界一受けたい授業」（日本テレビ系）ほか、新聞や教育の専門紙でも取り上げられる。著書に『いじめと探偵』（幻冬舎新書）、『保護者のためのいじめ解決の教科書』（集英社新書）がある。

ホームページ　www.ijime-sos.com

いじめを本気《ほんき》でなくすには

2020年4月24日　初版発行

著者／阿部泰尚《あべひろたか》

発行者／郡司 聡

発行／株式会社KADOKAWA
〒102-8177　東京都千代田区富士見2-13-3
電話　0570-002-301（ナビダイヤル）

印刷・製本／大日本印刷株式会社

●お問い合わせ
https://www.kadokawa.co.jp/（「お問い合わせ」へお進みください）
※内容によっては、お答えできない場合があります。
※サポートは日本国内のみとさせていただきます。
※Japanese text only

定価はカバーに表示してあります。

ISBN 978-4-04-108786-2　C0037